आभास

हर वो अहसास जो अब भी ज़िंदा है!

कुणाल जैन

अंजुमन प्रकाशन

Published By-
Anjuman Prakashan
942, Mutthiganj, Prayagraj, 211003
www.anjumanpublication.com
anjumanprakashan@gmail.com

Printed and bound in India.
First published by Anjuman Prakashan in 2024

ISBN : 978-81-19562-38-1

Cover & Typeset by Anjuman Prakashan

Price in india: 250/-

This book is a work of poetry and blogs.

आभार

पहली प्रति- परिवार के नाम

मेरी माँ जो मेरे लिये स्त्रीत्व की सम्पूर्ण परिभाषा है। उसके लिए जितना लिखूँ उतना कम है और उसे जितना पढ़ूँ उतना ज़्यादा। पिताजी ने प्रेरित किया तो माँ ने मेरे जीवन में गहराई दी। मेरी अंतरात्मा की आवाज़ जो आप तक पहुँचती है, उसकी डोर मेरी माँ के हाथ में ही है। जब तक मैं उस डोर से बँधा हूँ लिखता रहूँगा।

मेरे बच्चों का आत्मविश्वास मेरे विश्वास को हमेशा पोषित करता रहा उसके लिए उन्हें बहुत-बहुत धन्यवाद। आभास और ईशी तुम दोनों में मुझे हमेशा दृढ़ता नज़र आयी जिसने मुझे बाँधे रखा और यह भरोसा दिया कि तुम मेरे साथ हर समय, हर विपत्ति में खड़े हो।

दूसरी प्रति- टाँक दंपत्ति के नाम

विजय और जवाहर ने मुझे कोयले की खदान में से ढूँढ के निकाला और हीरे की तरह तराश के जमाने को सौंप दिया। आप दोनों के अनन्य प्रेम का क़र्ज़ मैं इस जन्म में तो कभी नहीं लौटा पाऊँगा! धन्यवाद बहुत ही संकीर्ण शब्द होगा लेकिन फिर भी कहना चाहूँगा।

आख़िरी प्रति- पारुल के नाम

जिसकी वजह से शायद मैं कवि बन पाया। जो पन्ने दर्द की सियाही से लिखे हुए हैं उनमें सिर्फ़ मेरा ही नहीं, उसका भी दर्द साझा हुआ है।

आगे सिर्फ़ आप हैं जो यह निश्चित करेंगे कि मेरे शब्द, वाक्य, कवितायें और कहानियाँ आप लोगों के ज़हन तक पहुँच पाती हैं कि नहीं?

अगले पन्नों में जो लिखा है उसकी आलोचना हो या प्रशंसा मुझे उससे फ़र्क़ नहीं पड़ेगा लेकिन आप इस पुस्तक को पूरी पढ़ते हैं या नहीं, इससे ज़रूर फ़र्क़ पड़ेगा।

आपका

कुणाल

भूमिका

इस पुस्तक की कल्पना मेरे मन में पता नहीं कितने जन्मों पहले पैदा हो गई थी जिसे अब जाकर आपके हाथों में पेश कर पा रहा हूँ। जिस दिन से मैंने साहित्य की दुनिया में कदम रखा और हिंदुस्तान के मशहूर शायर गुलज़ार को पढ़ना शुरू किया था, मेरे मन में उनकी तरह सोचने की ललक पैदा हो गई थी। वो उन दिनों की बात थी जब युवावस्था की दहलीज़ में मैंने अपना पहला कदम रखा था। मैं गुलज़ार की नज़्मों को अपनी टेढ़ी-मेढ़ी सोच और उधड़े से ख़यालों में बुनता रहता था। नयी-नयी परिस्तिथियाँ अपने ज़हन में पैदा करता था। उन ख़यालों को नये तरीक़े से लिख लेता था। सोच गुलज़ार की नज़्मों से पैदा होती थी लेकिन कविता मेरी होती थी।

फिर एक लंबे समय के लिए साहित्य के प्रति मेरी रुचि घर के किसी कोने में रखी उस माचिस की डिबिया की तरह खो गई जिसकी ज़रूरत सिर्फ़ दिवाली पे दिये जलाने के लिए होती है। मैंने इस दौरान ना जाने कितनी साहित्य की किताबें ख़रीदी और पढ़ डाली लेकिन मन में वो आभास हमेशा ज़िंदा रहा कि शायद एक दिन मैं भी अपनी किताब लिख पाऊँ?

घर-परिवार और फिर काम-काज की जद्दो-जहद, बस पच्चीस बरस तक वही सिलसिला चला। साहित्यिक सोच मनुष्य के जीवन में एक सुप्त लावा की तरह होती है जो कितने भी समय के लिए लुप्त भले ही रहे लेकिन कभी ना कभी पूरे ज़ोर-शोर के साथ प्रस्फुटित होती है। पिछल कुछ बरसों से मेरे मन के किसी कोने से वो लावा ज़ोर मार रहा था। यह सच है कि जीवन एक जैसा नहीं रहता, उतार-चढ़ाव आते हैं, मेरे

जीवन में भी आये लेकिन अभी तक उसका असर मेरे अस्तित्व पे नहीं पड़ पाया। अभी पिछले बरसों में ऐसा हुआ जिसके कारण अस्तित्व परिवर्तन का अंदेशा होने लगा था। बस वहीं से मन बना लिया कि अब अगर अपने ख़यालों को लिपिबद्ध नहीं कर पाया तो शायद फिर कभी नहीं कर पाऊँगा।

हिन्दी लेखन मेरे लिये कठिन नहीं था, हिन्दी स्कूलों में पढ़ने वाले बच्चे कभी भी हिन्दी लिखना-पढ़ना नहीं भूलते। बस ऐसा ही कुछ अनुभव मेरे साथ हुआ। अमेरिका में इतने सालों रहने के बाद भी ज़हन में ख़याल हिन्दी में ही आते थे। बस वहीं से लिखने का सिलसिला शुरू हुआ। फ़ेसबुक पे लिखना शुरू किया और वहाँ से लोगों की सराहना मिलनी शुरू हुई, फिर लगा कि शायद ठीक-ठाक ही लिखने लगा हूँ! वही सराहना प्रेरणा बनी और आज ये पुस्तक के रूप में आपके समक्ष पेश कर पाने की हिम्मत कर रहा हूँ। एक ब्लॉग भी कुछ समय पहले शुरू किया था जिसके कुछ पाठक हैं जो मेरी किताब प्रकाशित होने का भी इंतज़ार कर रहे होंगे!

जज़्बात को कविताओं का रूप देना मेरे लिये आसान नहीं था। लेकिन पिछले कुछ सालों में तकनीक ने सब कुछ इतना सरल कर दिया है कि हिन्दी टाइपिंग की ज़रूरत ही नहीं पड़ी।

अंजुमन प्रकाशन ने ऑनलाइन ही संपर्क साधा और मेरे ब्लॉग और कई सालों का जमा मसाला उठा लिया। एक महिला मित्र हैं रेहा कक्कर, जिन्होंने मेरी बहुत सारी कविताओं का अंग्रेज़ी अनुवाद किया है। रेहा ने मुझे अपनी अंग्रेज़ी लेखनी से हमेशा प्रभावित रखा और मेरे अंग्रेज़ी के लेखों को कई बार संपादित किया है। मेरी पिछली किताब 'कौशलजी' की संपादक भी वही थीं।

सन् २००६ में जयपुर लिटरेचर फेस्टिवल के दौरान एक प्रबुद्ध कवि प्रसून जी जोशी से मुलाक़ात हुई थी। उनसे काफ़ी अंतरंग बातचीत का मौक़ा मिला। मैंने उनसे अपनी इस दबी हुई-सी इच्छा का ज़िक्र किया। कहा कि मैं भी कवितायें लिखता हूँ, आगे बढ़ना चाहता हूँ, कैसे बढ़ूँ? उन्होंने प्रेरित किया कि लिखना शुरू करो, बस वो साल था कि फिर कभी पीछे मुड़कर नहीं देखा। पहले काग़ज़ कलम से, फिर कंप्यूटर और अब फ़ोन में अनगिनत ख़यालों को लिख डाला। उन्हीं में से कुछ एक ख़याल को इस पोटली में बंद करके आप तक पहुँचा रहा हूँ।

सबसे बड़ी उलझन थी कि इस पुस्तक का शीर्षक क्या होना चाहिए तो मेरे ज़हन में मेरे बेटे आभास का नाम आया और यह भी ध्यान आया कि जो भी मैंने इतने बरसों में लिखा है वो आभास ही तो है। बस फिर क्या था वही शीर्षक बन गया। मेरे जीवन में दो अत्यधिक रोचक और रचनात्मक समीक्षक रहे हैं, एक मेरी पूर्व पत्नी 'पारुल' और दूसरी बेटी 'ईशी' जिन्होंने हमेशा मुझे इस बात के लिए प्रेरित किया कि इस जीवन में जो भी सोचूँ और करूँ सिर्फ़ सही करूँ। आशा करता हूँ कि यह किताब उनके मापदंडों पे शायद खरी उतरेगी। इस पूरी किताब में कई कवितायें और ख़त मैंने सिर्फ़ अपने रिश्तों को बचाने की जद्दो-जहद में लिखे हैं लेकिन मक़सद सिर्फ़ यही था कि मैं अपने मन की आवाज़ को क़ैद में नहीं रखना चाहता था। चाहे फिर वो माँ को लिखे ख़त हों या बेटी के लिए लिखी कविताएँ हों, सभी में आपको मेरी सच्चाई ही दिखाई देगी। इसी आशा के साथ आपको मेरे कुछ आभास प्रस्तुत करता हूँ।

आपका अपना

कुणाल

अनुक्रम

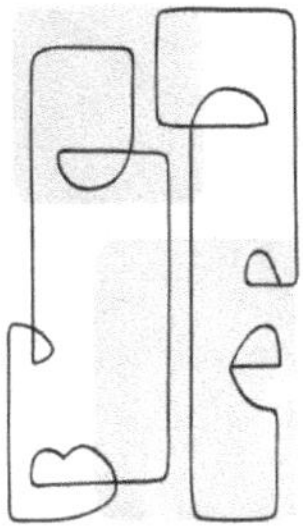

खण्ड 1
कविताएँ

संवेदना

अनुस्मरण

देश-प्रेम

संदर्श

कोरोना

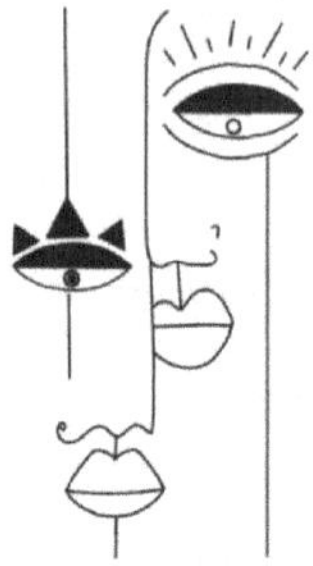

खण्ड 2
ब्लॉग

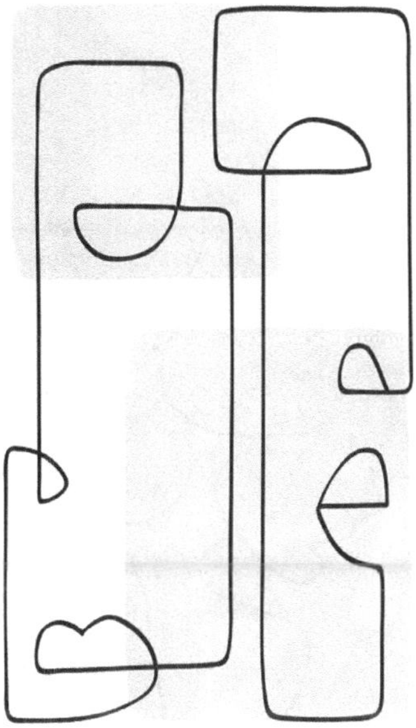

खंड - एक

कविता

संवेदना

नापो मत

मुझे नापो मत; मैं सागर हूँ कपड़े का थान नहीं,
मुझे जाँचो मत; मैं इंसान हूँ, सरकारी सामान नहीं,
मुझे परखो मत; मैं अमृत हूँ, सोने की खान नहीं,
मुझे खर्चो मत; मैं तृष्णा हूँ, सपनों की दुकान नहीं,
बस एक काम करो; बस एक काम करो,
मुझे बस पहनो; ओढ़ो; महसूस करो,
मैं स्वयं में एकांत हूँ, साड़ी की दुकान नहीं।

माँ अक्षर का जश्न!

ये 'माँ' अक्षर का जश्न है, जिसे मैं रोज़ मनाता हूँ।

कई बरस माँ अकेली रही,
फिर भी उसने उफ्फ! तक नहीं की,
सिर्फ़ हमारी सलामती की दुआ की,
बस उसी ख़याल को मैं सराहता हूँ।
ये 'माँ' अक्षर का जश्न है, जिसे मैं रोज़ मनाता हूँ।

माँ शब्द अपने आप में ही मुकम्मल है,
न आगे कोई न पीछे कोई,
बस एक अक्षर में दुनिया समेटे चलती है,
मैं भले ही उसके अंदर नौ महीने रहा,
लेकिन उसको मेरे अंदर ताउम्र पाता हूँ।
ये 'माँ' अक्षर का जश्न है, जिसे मैं रोज़ मनाता हूँ।

जब भी माँ के साथ बैठ कर समय गुज़ारता हूँ,
उसकी नाराज़गी में भी अपने लिए प्रेम पाता हूँ,
पचास साल साथ में गुज़ारे,
उसको मुझमें अब भी ऐब नज़र आता है।
ये 'माँ' अक्षर का जश्न है, जिसे मैं रोज़ मनाता हूँ।

माँ वो तू नहीं थी, तो कौन थी !

दो उँगलियाँ पकड़ के मुझे खड़ा होना सिखाया,
छोटे-छोटे दो कदमों को चलना सिखाया,
अपने पल्लू के पीछे छुपा के पिता के ग़ुस्से से बचाया,
भोले-भाले मन से मुझे सच्चाई का पाठ पढ़ाया,
वो तू नहीं थी तो कौन थी माँ? वो तू ही तो थी न माँ?

सुबह शाम की दौड़-भाग में अपने-आपको भूल जाना,
रात होते ही मुझको कहानी सुना के सुलाना,
मेरी कहानी में भी मुझको ही हीरो बनाना,
अपने सपनों में भी, मेरे ही सपने बुनना,
वो तू नहीं थी तो कौन थी माँ? वो तू ही तो थी न माँ?

कभी जो हम बीमार हो जाते थे तो देखो फिर,
तेरे चेहरे पे कैसे चिंता के बादल घिर आते थे,
दवा का नाम तो शायद पता नहीं पर,
तेरे अपार प्रेम से ही हम ठीक हो जाते थे,
डॉक्टर तो कोई याद नहीं पर एक ख़ूबसूरत-सा,
रात-रात भर जागा हुआ चेहरा ज़रूर याद आता है,
वो चेहरा भी तू ही थी और शायद डॉक्टर भी,
वो तू नहीं थी तो कौन थी माँ? वो तू ही तो थी न माँ?

आज हम चाहें तो भी वो अगाढ़ प्यार कहाँ से लाये,
तेरी ममता के आँचल से बिखरे मोती कैसे लौटाये,
अनमोल है वो संपत्ति जिसके साधन तूने जुटाये,
प्रभु हमें इतनी शक्ति दे, कि बस तुझे जब हमारी ज़रूरत हो,
हम बिना किसी शर्त तेरा संबल बन पाये।

माँ तू बहुत याद आयी आज!

माँ तू बहुत याद आयी आज,
इसलिए नहीं,
कि सिर्फ़ पूरी कायनात,
तेरा अभिनंदन कर रही है आज?
बल्कि इसलिए,
कि मेरे मन के किसी कोने में,
जो दबे हुए दिन रखे थे,
वो अचानक जाग गये आज।

मेरी ज़बान पे अचानक,
वो अरबी की सब्ज़ी का ज़ायक़ा कहीं से आ गया,
जो तुम बनाया करती थी!
हल्की सी हींग और थोड़ा सा गरम मसाला,
उसकी ख़ुशबू मैं अब तक नहीं भुला।
वो दही वाले आलू की सब्ज़ी और घी की चुपड़ी रोटियाँ,
अब भी नज़र तो आती है,
पर वो स्वाद नहीं आता।

कभी-कभी भिंडी की सब्ज़ी बनती है घर में,
तो लगता है कि सरसों के तेल की ख़ुशबू आयेगी,
पर वो अब नहीं है।

कल मैंने बहुत कोशिश की,
और अरबी ढूँढ लाया बाज़ार से,
काटा, उबाला और पैकेट वाले मसाले के साथ,
थोड़ा-सा दही मिला के छौंका,
पर जब चखा,
तो तेरे हाथ का ज़ायक़ा ग़ायब था,
वो ख़ुशबू नदारद थी!

फिर फ़ोन पे तुझसे बात हुई,
तो लगा तेरी ममता की महक अब भी वैसी ही है।

ऐसा क्यूँ नहीं होता, कि माँ तू सदा साथ रहे,
आज तुझसे ज़्यादा, तेरा यह रिश्ता बहुत याद आता है,

आभास का १८ वाँ और दैवित का पहला जन्मदिन

मेरे घर के आँगन में दो पौधे बड़े हो रहे हैं,
देखो आज दोनों पे एक एक फूल आया है।

एक का नाम आभास है जिसका कद थोड़ा बड़ा है,
लगता है कि अपने-आप से ही बढ़ा है,
पिछले १८ बरसों से पता ही नहीं चला,
कि घर के आँगन में कहा खड़ा है।

एक जो अभी एक बरस पहले ही जन्मा है,
उसका नाम दैवित है,
वो अभी भी चलने और बोलने नहीं लगा है,
ओने-पोने इशारे करता है और खिल-खिला कर हँस देता है,
उसके मन का नहीं होता है तो,
बस रो पड़ता है और अपनी बात समझा देता है।

हमारे घर के आँगन में दो पौधे बड़े हो रहे हैं,
एक की जड़े मज़बूत,
तना घना ओर शाख़ें आसमान से बातें करती है,
और दूसरा अपनी रेशमी जड़ों से हम सबको बाँधे रखता है,
अपनी छोटी-छोटी कुहनियों के बल,
ऊँचे-ऊँचे पायदान चढ़ने की कोशिश में लगा रहता है!

मेरे घर के आँगन में दो पौधे बड़े हो रहे हैं,
एक चाँद पे पहुँचने की कोशिश में है,
तो दूसरा चाँद को बॉल समझ के,
लपक लेने की फ़िराक़ में है!

एक अपनी ख़ुशबू से अपने दोस्तों की दुनिया को महकाता है,
तो दूसरा अपनी कोमल कलियों से हमें सहलाता है।

अजब है तेरी लीला प्रभु,
जिस सुख की हमने कल्पना भी नहीं की थी,
उसकी परिणति तूने हमारे जीवन में की है।

हमारे घर के आँगन में दो पौधे अब शायद पेड़ बन रहे हैं।

एक नन्ही निर्भया मेरे आँगन में

एक नन्ही निर्भया,
हवा के परों पे चलकर,
हमारे आँगन में उतर आती है,
कहाँ से तू आयी, क्यूँ तू आयी, यह नहीं बतलाती है।

मेरे घर की दहलीज़ के अंदर बाहर,
गिलहरी-सी फुदकती रहती है,
अपनी चुलबुली मुस्कराहट से,
सबको गुदगुदाती रहती है,
Noodles और Maggi के भरोसे ज़िंदा रहती है,
सबसे छोटी है लेकिन सब पे हुकुम चलाती है।

बेटी मेरी कब तू बड़ी हो गयी,
यह एहसास तक नहीं करवाती है,
आज 14 बरस की तू हो गयी है,
लेकिन बातें 21 वाली करती है,
इन बड़ी-बड़ी बातों से हम सब का दिल धड़काती है।

हम ख़ुशनसीब हैं जो इस देश में रहते हैं,
जहाँ बेटी बड़ी तो जल्दी होती है,
मगर माँ-बाप की नींद नहीं लेती है।

बेटी मेरी अब सयानी हो गयी है,
बेटी मेरी अब सयानी हो गयी है,
जन्मदिन मुबारक, जन्मदिन मुबारक ईशि!

A Little Nirbhaya (Fearless)

A little 'fearless' being,
You walked on clouds to reach our doorstep,
Where did you come from?
why did you come,
you didn't tell us this?

You're everywhere – inside and outside,
Like a squirrel jumping 'round.

Your chirpiness makes everyone tickle with laughter,
"Noodles" or Maggie is the only diet you follow.

When did you grow up, daughter?
With you, we lost track of time.

You turned 14 today,
but you talk like you're 21,
Even though you talk 'big,'
your words fill our hearts with joy.

We are fortunate to live in a country,
where girls grow up quickly,

But parents don't have to lose sleep over them.
My daughter is all grown up now,
Yes, she has grown up,
And all we can say is –
Happy Birthday!

बेटी

पिता की रूह से निकली है,
तेज तरार बिल्ली है,
टोको तो आँख दिखाती है,
रोको तो तकरार करती है,
लेकिन बेटियाँ फिर भी,
पिता के मन पे राज करती है।

यह कैसा रिश्ता है?
जिसके आगे कोई नहीं टिकता है,
यहाँ पिता का प्रेम बिना शर्त ही बरसता है,
बेटी का सिर्फ़ आस-पास होना अतुलनीय लगता है।

कहे न कहे पर यह अंदर की बात है,
सिर्फ़ बेटी ही वो रिश्ता है,
जिसकी चिंता में पिता का हृदय बारम्बार धड़कता है।

सयानी-सी उम्र

तुझे बढ़ता हुआ देखता हूँ,
तो सहम जाता हूँ,
सयानी सी उम्र को किसी की नज़र न लगे,
बस इस ख़याल से घबराता हूँ।

मेरी ज़िंदगी के भले कुछ साल कम हो जाये,
मगर तुझे पूरी उम्र मिले,
सिर्फ़ यही सोच कर रोज़ जीना चाहता हूँ,
उम्र के थोड़े-बहुत बरस इधर-उधर हो भी जायें,
तो मायने नहीं रखते।

गोटियों की तरह पासा पलटती इस ज़िंदगी का,
खेल अब तुझे समझ में आ जाए,
बस इस बात का बीमा कराना चाहता हूँ।

पापा

भयमुक्त आपकी हस्ती थी,
निर्मल आपका जीवन था,
पूरा संसार आपका परिवार था,
पूरी संस्कृति आपमें बसती थी,
पता नहीं कौन, कब, कैसे,
और क्यूँ आपसे प्रेरित होता था!

प्रेरणा के वो बीज जिसमें भी आपने बोये,
वो अब भी मिलते हैं और आपको याद करते हैं!
वो पत्थर जो आपकी वजह से सोना बन कर बिखरे,
अब भी आपके स्पर्श को रोज़ हज़ारों तरीक़े से जीते हैं।

वो जीवन जिसमें आपने आशा के दिये जलाये,
अब औरों के जीवन को रोशन करते हैं,
कुछ नहीं बदला पिछले कुछ बरसो में,
बदला है तो सिर्फ़ इतना कि,
आपका यह अंश आपकी राह पर निकल पड़ा है,
इस समाज को और बेहतर बनाने।

पापा आप धड़कन बन कर,
मेरे दिल में रोज़ उतरते हैं,
और वह सीख भी याद दिलाते हैं,

जिसके स्पंदन से पसीने की वो ख़ुशबू आती है,
जो कभी आपके जिस्म से महकती थी।

जिस कमरे में आप सोते थे,
उसमें से सरसों के तेल की ख़ुशबू,
मेरे जीवन को अब भी महकाती है,
सरसों का तेल अब मैंने काम में लेना शुरू कर दिया है।

और कुछ नहीं बदला पिछले कुछ बरसों में,
बदला है तो सिर्फ़ इतना की सुबह-सुबह,
नहाने की जल्दी में जो सफ़ेद स्याह धोती,
आप धोने में डाल देते थे,
अब वो नज़र नहीं आती,

पिता का साया माँ के आँचल से बहुत बड़ा था

मैं पहली कक्षा की पहली पंक्ति में खड़ा था,
जब मुझे यह एहसास हुआ कि,
मेरे सिर पे मेरे पिता का साया,
मेरी माँ के आँचल से बड़ा था।

कैसे पिता ने अपना हाथ झटक कर,
मास्टर जी के हाथ में थमा दिया था,
ऐसा लगा जैसे अपनी ज़िम्मेदारी को,
किसी और के हाथों में सँभला दिया था,
पिता का साया माँ के आँचल से बहुत बड़ा था,
इसीलिए शायद मैं पिता के काफ़ी क़रीब खड़ा था।

यह एहसास मुझे तब भी हुआ जब मेरी पहली टीचर ने,
मेरी पहली गलती की खबर मेरे पिता को पहुँचाई?
उस गलती की सजा मिली तो,
पहली बार मेरे पिता के हाथों की सख़्ती,
मेरे कोमल गालों को सहलाई,
पिता का साया माँ के आँचल से बहुत बड़ा था,
इसीलिए शायद मैं पिता के काफ़ी क़रीब खड़ा था।

यह वही हाथ थे जिन्होंने,
मुझे जीवन में उँगली पकड़ के चलना सिखाया,

यह सोच कर हम ताउम्र नतमस्तक रहे,
और पिता के बताये रास्ते पे चलते रहे,
पिता का साया माँ के आँचल से बहुत बड़ा था,
इसीलिए शायद मैं पिता के काफ़ी क़रीब खड़ा था।

जब पिता को शीर्ष पे पहुँचते हुए देखते थे,
तो लगता था, यह कभी हमारी भी मंज़िल होगी,
यह वो पल होता था जब पिता के पैरों पे चल कर,
मैं अपने सपनो की उड़ान भरता था,
माँ यह देखती थी तो गर्व करती थी,
और अपने आँचल को थोड़ा और बड़ा कर देती थी।

फिर भी पिता का साया माँ के आँचल से बहुत बड़ा था,
इसीलिए शायद मैं पिता के काफ़ी क़रीब खड़ा था।

तुम मेरे सभी पलों का हिसाब रखती हो

तुम मेरे सभी पलों का ख़याल रखती हो,
कब, क्यूँ, कैसे मुझे क्या चाहिए,
इसका भी हिसाब रखती हो।

जब हमारी नयी-नयी शादी हुई थी,
मेरी singles वाली आदतें थी जो शायद तुम्हें पसंद नहीं थी,
लेकिन तब तुम अपनी हया से,
मुझे उस दुनिया की नज़रों से छुपा लेती थी,
जिस दुनिया को उसकी ख़बर नहीं थी,
वो हया तुम्हारा समर्पण था,
शायद मेरे लिए नहीं किंतु अपने रिश्ते के लिए,
न जाने कितनी रातें तुमने उस हिसाब किताब में गुज़ारी,
तब भी तुम मेरे सभी पलों का हिसाब रखती थी।

मुझे याद है मैं एक बेपरवाह मर्द था,
जो अपने हनीमून पे भी काम की चिंता में मगन था,
न जाने तुम्हारे कितने सुनहरे पलों को मैंने बर्बाद किया,
और तुम तब भी एक शांत दरिया की तरह मेरे पीछे-पीछे मुड़ ली,
जहाँ-जहाँ मैं चला तुम भी चल ली,
इस दरिया की हर लहर को तुमने अपनी ख़ूबी से समंदर में मिला दिया,
उन सभी लहरों का हिसाब भी शायद तुम्हीं रख पाती हो।

वो सिर्फ़ समर्पण नहीं था,
वो तुम्हारा इल्म था, वो तुम्हारा तेज़ था,
जिसने हमारे जीवन की राह में कई सितारे रोशन किये,
यह दो सितारे जो हमारे जीवन में हैं?

देखो इनकी आँखो में जो जुगनू चमकते हैं,
उनकी रोशनी भी तुम से है और सपने भी तुम्हीं से हैं,
ये सब इन्होंने सिर्फ़ तुम्हारे दामन से बटोरे हैं,
इन सभी सपनों का भी ख़याल तुम ही रखती हो।

यह देखो हम आज जीवन के किस मोड़ पर खड़े हैं,
ज़िंदगी के वो सारे टेढ़े-मेढ़े रास्ते अब पीछे खड़े हैं,
आज तुम और मैं उन सभी रास्तों का रुख सीधा करके यहाँ खड़े हैं,
उन सभी रास्तों का भी हिसाब तुम ही रखती हो।

सिर्फ़ इतना अंतर आ गया है कि,
अब यह रिश्ता सिर्फ़ तुम्हारा समर्पण नहीं रहा,
अब यह बेइंतहा प्यार है जो साँसें बन कर धड़कता है,
तुम्हारे और मेरे सीने में, सिर्फ़ हमारे लिये,
जो मुझे बाँधता भी है और याद भी दिलाता है
कि मुझे छोड़ न जाना?
क्यूँकि तुम अकेले अपने पलों का हिसाब
नहीं रख सकते, नहीं रख सकते,
तुम मेरे सभी पलों का हिसाब रखती हो।

You make all the moments in my life!

(Poem Dedicated to my Wife on our 18th Anniversary!)

You create all the moments in my life,
You look after my every need,
keeping track of when, why, and how.

As newlyweds, you might have seemed unhappy,
with some of my habits,
remnants of my bachelor days.

With quiet grace, you hid my shortcomings,
ensuring they were never visible to others,
It stemmed from the dedication you felt,
not just toward me, but toward the success
of our relationship.

I can only imagine the countless nights,
you spent pondering everything, taking it all in,
You witnessed every moment.

I confess, I was a careless man,
On our honeymoon,
I remember being consumed by work worries,

I wonder how many other precious moments
I may have missed.

Despite it all,
you flowed like a calm river,
following me wherever I went,
You were always by my side.

You navigated every challenge with grace,
like a river seamlessly flowing into the sea,
Perhaps you quietly cherished those moments, too.

It wasn't just your unwavering commitment,
It was your knowledge, your courage,
that illuminated our journey with the brightest of stars.

These two stars, the brightest in our lives,
reflect a light that comes from you.

Their dreams are yours to nurture,
their growth a testament to your presence,
You nurture all our dreams.

Look at the crossroads we stand at now,
The paths that led us here,
with all their twists and turns,
lie behind us,
You and I stand together today,
having built a life we can both be proud of.

You meticulously trace the map of our journey,
Our love has deepened,

It's a vibrant force that lives in every breath I take,
a love solely for you.

This love binds me to you,
a constant reminder to never let go,
Because I cannot navigate the journey of life alone.

I need you by my side,
to witness every moment,
to share every dream,
You are the creator of all that is meaningful in my life.

मुझे चाहिए वो

मुझे चाहिए वो,
जिसे मेरी हड़बड़ अच्छी लगे,
मेरी सुबह-सुबह की चाय की चुस्कियों को,
अलार्म ना समझे,
मैडिटेशन की ख़ामोशी को,
'ना बोलने का सबब' ना समझे,
मुझे चाहिए वो,
बस पूरी की पूरी,
जो मेरी सुबह को अपनी समझे।

मुझे चाहिए वो,
जो अपने सपने देखे,
लेकिन मेरे सपने के बीच में ना बोले,
उन्हें अपने अतीत की तुला पे,
तो बिलकुल भी ना तोले,
एक ख़्वाहिश यह भी है कि,
मेरी अनंत आकांक्षाएँ अब उसे विचलित ना करें,
मुझे चाहिए वो,
जो मेरी हमक़दम ना सही,
लेकिन मेरी हमसफ़र ज़रूर बने।

मुझे चाहिए वो,
जो मेरे साथ एक ही रेल के डब्बे में बैठी हो,
साथ साथ नहीं,
लेकिन मेरी सामने वाली सीट पे बैठी हो,
मैं अपनी एक कविता पढ़ूँ,

और वो; मुझे बस एक टकटकी बाँधे देखती रहे, सुनती रहे,
ना तो मैं रुकूँ और ना वो मुझे पढ़ना बंद करे।

मुझे चाहिए वो,
पूरी की पूरी,
मुझे चाहिएँ वो पूरी की पूरी,
बस इस अन्दाज़ में कि,
उसे अपना अन्दाज़ ना बदलना पड़े।

फादर्स डे

आज सुबह-सुबह आईना देखा,
सिर्फ़ एक शख़्स नज़र आया मुझे,
बच्चे भले ही आस-पास ना हो,
फिर भी एक पिता को खड़ा पाया मैंने।

कुछ रंग चोरी हो गये हैं मेरे चेहरे से,
लेकिन इस एक रंग में सभी रंगों को पाया मैंने
आज सुबह-सुबह आईना देखा,
एक पिता को खड़ा हुआ पाया मैंने।

अनुस्मरण

मेरे घर के किसी आँगन में एक पौधा

कब से बड़ा हो रहा है,
देखो इसकी शाख़ पे आज एक फूल आया है!
इसकी ख़ुशबू में माँ की ममता,
और सिर पे पिता का साया है,
और इसकी जड़ों को,
एक छोटी बहन के प्यार ने सींचा है।

पिछले १८ सालों में हमको,
शायद खबर ही नहीं हुई कि,
कब इसकी शाख़ें घनी होने लगी और,
देखते ही देखते तना मज़बूत हो गया है,
पीपल के पेड़ की तरह यह अब,
दूसरों को छाँव देने लगा है,
कभी-कभी तो इसकी कुछ टहनियाँ,
आसमान को छूती नज़र आती है,
यह इन शाख़ों के पत्तों पर चल कर,
न जाने कहाँ पहुँचना चाहता है।

मेरे घर के एक आँगन में,
यह पौधा कब पेड़ बन गया है,
पर इसको यह एहसास अब भी नहीं है!
मासूम सी हँसी और आने वाले कल के थपेड़ों से बेपरवाह,

वो अपने कंधों पे पूरे जमाने का बोझ लेने को तैयार है,
उसको कैरियर की आपाधापी में,
इस बात का भी इल्म नहीं है कि,
इसके माँ-बाप क्या इससे बिछड़ने के लिए तैयार है?

मैं जब भी कभी कपड़े आयरन करूँगा,
तो शायद उस गठरी में तुम्हारे कपड़ों को मिस करूँगा।

अब तुम्हारी माँ खाने के वक्त मुझसे पहले,
तुम्हारी प्लेट शायद नहीं लगायेगी,
उसे अब यह भी चिंता नहीं होगी की,
आज नाश्ते में तुम्हारे लिये क्या बनाऊँ,

इशी अब किससे झगड़ा करेंगी,
और हमसे किसकी शिकायत करेगी,
हमें पता है कि अब तुम अपने सपनों को पूरा करने की चाह में,
इस घर से अपने परों पे उड़ कर चले जाओगे।

सिर्फ़ एक वादा करते जाना,
जिस पेड़ की जड़ों को हमने हर दिन सींचा है,
उन्हें ज़रूर दिन में एक बार याद कर लेना,
और फ़ेसटाइम पे नहीं तो WhatsApp पर,
एक वीडियो कॉल कर लेना।

मेरा वो मकान रोज़ कई सवाल करता है!

कुछ दिन हुए मुझे सपने में,
मेरा वो मकान दिखाई दिया,
जिसमें कभी मैंने वो बचपन गुज़ारा था,
जिसका जिक्र मैंने शायद आज,
तक किसी से नहीं किया।

उस मकान की ऊपर वाली मंज़िल पर,
अब कोई नहीं रहता,
माँ से बात हुई तो बोली,
अब मुझमें ताक़त नहीं,
कि मैं इन सीढ़ियों को रोज़-रोज़ नापूँ,
तुम तो यहाँ आओगे नहीं?
और तुम्हारे पापा के जाने बाद,
यह कमरे मुझे कुछ अजनबी से लगते हैं,
उस अलमारी में वो सब रखा है जिसको छूती हूँ,
तो लगता है वो यहीं कहीं हैं,
बस दिखायी नहीं आ रहे,

तेरे पिताजी बहुत कन्फ्यूज करते थे,
मेरे साथ-साथ इन कमरों को भी,
कन्फ़्यूज़ होने की आदत हो गयी है,
इसलिए शायद सवाल करते हैं।

ऊपर दो नये कमरे तब बनाये थे,
जब मैं शायद कॉलेज में था,
और मेरे अरमान आसमान पे थे,
उस वक़्त अपने वतन में,
नये-नये बाथरूम बनाये जा रहे थे,
छोटी बहन की ज़िद के पीछे,

हमने भी एक टब लगवा लिया,
बिना सोचे की नहाने के लिये,
पानी की भी ज़रूरत होती है,
और उस वक़्त शायद,
एक वक़्त ही पानी आता था।

मुझे वो बाल्कनी भी नज़र आयी,
जिसमें आधी रात को छुप-छुप कर,
सिगरेट पिया करता था,
डर-डर के कश खींचना और,
हर पल यह सोचना कि,
किसी ने देखा तो नहीं शायद,
वो आदत तो अब नहीं रही,
मगर उस छत की उन मुँडेरों पे,
वह दाग़ अब भी ज़िंदा है जहाँ जहाँ उन्हें बुझाया था।

वो छोटा कमरा भी नज़र आया,
जिसमें कूलर चलता था,
वो गर्मियों में सबसे ज़्यादा ठंडा हो जाता था,
और घर के सब लोग उसमें ताश खेला करते थे,
शायद वह कूलर,
अब उस छोटे कमरे में किसी कोने में रखा है,
और किसी के काम नहीं आता।

मुझे यह कमरा हाई स्कूल में मिला था,
यह वही कमरा था,
जिसमें मैंने न जाने कितनी फ़ैंटसीज़ देखी,
और रॉक स्टार के पोस्टर्ज़ के साथ सोया,
उन दिनों रुई के बड़े भारी-भारी गद्दे हुआ करते थे,
जिनमें से अपने वतन की धूल महकती थी,
चद्दर उठाने झाड़ने के बहाने,

उस मिट्टी से खेलते थे,
जो साँसों के साथ अंदर बाहर होती थी,
जो रोमांच उस बिस्तर को ज़मीन पर लगाने में मिलता था,
वह अब बेड लगाने में नहीं आता,
थक हार कर के जब मैं,
उस बिस्तर पर पड़ता था,
तो सिर्फ़ सुबह की ताज़ा हवा से ही,
नींद खुलती थी,
वो रुई के गद्दे बहुत ढूँढे यहाँ मगर,
कहीं नज़र नहीं आये।

मैंने अपने म्यूज़िक के शौक को पूरा करने के लिए,
बड़े स्पीकर्स ख़रीद लिए थे,
और पूरी एक खिड़की को रेक बना दिया था,
जिसमें बड़ी बेतरतीबी से,
कैसेट जमा दी गयी थी,
एक निकालता था और दो बिखेरता था,
मिनटों के गानो में घंटों के मज़े लूटता था,
अब आइफ़ोन है और,
उसमें गाना ढूँढने में वो वक़्त नहीं लगता,
चंद मिनटों में बोरियत होने लगती है,
कौन सी एप में जाऊँ,
इस उधेड़-बुन में कुछ मिनटों का मज़ा भी,
सेकेंड्स का बन के रह गया है।

वो सीढ़ियाँ जो नीचे से ऊपर तक जाती थी,
अब रुक गयी हैं, थम गयी हैं,
मेरी माँ मुझे मेरे कमरे का हाल नहीं सुनाती,

सिर्फ़ पूछती है,
अब कब इंडिया आओगे,
यह घर अब खाने को दौड़ता है।

फ़ेसटाइम पर कॉल होती है तो,
आँखे सिर्फ़ इतना पूछती है,
इस घर का मैं क्या करूँ?

यह रोज़ कई सवाल करता है,
यह रोज़ कई सवाल करता है।

वो एक घर

वो जो एक घर हुआ करता था,
कहने को विदेश में था लेकिन विशेष था,
जब ख़रीदा था बड़ा महँगा लगता था,
जब उसमें रहने लगे तो बस अपना लगता था,
घुसते ही ऐसे बाहों में भरता था,
जैसे माँ ने गले से लगा लिया हो।

उसके चारों कोनों में,
अलग-अलग कुछ यादें जमा है,
उन यादों में पुरानी कुछ तस्वीरें भी जमा है,
परिवार और दोस्तों की ख़ुश्बूओं से,
वो घर यदा-कदा महका करता था,
बस उस ख़ुशबू को ज़हन में समेटे मैं हिंदुस्तान लौट आया हूँ,
कभी लौटा तो देखूँगा कि वो घर,
मेरे लिये फिर से अपनी बाँहें फैलाता है कि नहीं।

जब घर छूटता है तो,
उसमें रखा हर सामान आपसे रूठता है,
चीख-चीख कर हर दीवार, हर कोना पूछता है,
वो फर्नीचर जो आपकी आँखों के सामने,
हर वक़्त ज़िंदा रहता था,

जाने-अनजाने साँसें लेता था,
अब शायद इंतज़ार करता है।

रूठे हुए रिश्तों में से,
शायद आवाज़ नहीं आये,
लेकिन यह बेजान घर,
मेरे सपने में रोज़-रोज़,
आके अब भी कई सवाल पूछता है।

छोटू के नाम!

एक नाम था छोटू,
या अंग्रेज़ी में कहे तो canteen boy,
छोटू वो शख़्स था,
जिसकी भोली शक्ल, पसरी हुई हँसी और कमाल की फुर्ती,
हमें उसका सबसे बड़ा फ़ैन बनाती थी।

कोई कहता छोटू सिगरेट ला,
तो कोई कहता, अरे दाल चावल की एक प्लेट,
तो कोई समोसा मँगाता!
उसकी हँसी हम सबके लिए समान थी,
और उसकी फुर्ती किसी के लिए भी कम नहीं होती थी,
मुझे नहीं लगता कि हममें से कोई भी,
कभी उसे २ रुपये भी टिप देता होग़ा,
वो दौड़-दौड़ के फिर भी सबके लिए भागता रहता था।

कॉलेज की दो मंज़िला इमारत,
और उसके आगे उसके मालिक की कैंटीन,
बग़ल में एक telephone बूथ,
और सामने एक लम्बा मैदान,
छोटू की दौड़ यहाँ से वहाँ तक,
बेधड़क मालिक की एक आवाज़ पर,
कदम मिलाती रहती थी।

वो शायद हम सबके नाम जानता था,
और यह भी जानता था कि कौन अब क्या मँगायेगा?
हमने शायद उसका असली नाम जानने की,

कोशिश भी नहीं की,
वो छोटू कहाँ से आया था,
कहाँ रहता था?
पढ़ता भी था कि नहीं?
हमने कभी कुछ जानने की कोशिश नहीं की,
सिर्फ़ अपनी उधेड़-बुन में लगे रहते थे,
लेकिन उसे सबका सब पता था,

कौन किसके साथ घण्टों बाहर बतियाता है?
कौन किसके साथ बाहर घूमने गया है?
छोटू की नज़र सब पर रहती थी,
उसे इस बात से फ़र्क़ नहीं पड़ता था कि,
हममें से सबसे समझदार कौन है?
किसके क्लास में सबसे ज़्यादा मार्क्स आते हैं?
वो सिर्फ़ हमें एक इंसान समझता था,

हमने कॉलेज छोड़ दिया और,
उससे जुड़ी हर चीज़ को भी अपने से जुदा कर दिया,
Career बनाने की कवायद में,

उन इंसानों को भी भूल गये,
जिन्होंने जाने-अनजाने में हमें,
इंसान बनने में मदद की,
हम आज उनके लिए ग़मज़दा हैं,
क्यूँकि वो हमारे लिए गुमशुदा हैं,

A poem on a peon!

This impromptu picture from twenty years ago shows many faces; one of them is the canteen boy called 'Chottu' (Hindi word which literally translates to 'small boy').

We were all big fans of this small boy's innocence, suppressed laughter, and amazing energy.

We would ask him for cigarettes,
a plate of rice and dal (Indian gravy),
and sometimes samosas
(an Indian small savory pastry).

He gave all of us the same smile,
and he served us with the same enthusiasm.

I don't think anyone of us gave him,
a tip of even two (Indian) rupees,
Yet, he would run around, serving everyone.

The college building was two floors high;
in the front was this small canteen
(where Chotu worked),
a telephone booth, and an elongated piece of land.

He would run all over the place,
following the commands voiced
by the stern canteen owner.

Perhaps he knew all our names,
and what we liked. Yet,
we did not bother to ask his real name.

Where did he come from,
where did he stay,
did he even go to school?

We never tried to know more about him,
we were so caught up in our own madness,
But he knew everything about everybody.

Who was spending hours talking to whom?
who was roaming around with whom?
he kept an eye on everyone.

He was not concerned about our intelligence,
or the grades we secured;
all that mattered was that we were humans.
When we left college,
we left all that was connected to that place.

As we got busy in the exercise of carving careers,
we forgot the people who unknowingly
taught us humanity.
We miss them today!
Because we lost them that time.

India

देश-प्रेम

होली की ये चुभन

जब मन में होने लगे धीमे-धीमे चुभन,
बढ़ने लगे जब बिना कसरत के धड़कन,
होने लगे जब दिल में किसे के लिये तड़पन,
बूझ लेना आज होली है।

डोले जब पिया के लिये मन,
और बिन पीये ही झूमने लगे तन,
लगे प्यारी जब हर कोई सरगम,
बूझ लेना आज होली है।

किसी साथी की तलाश में जब घूमने लगे मन,
पुराने किसी यार को मिलने का जब करे मन,
जब किसी अजनबी की ओर चलने लगे कदम,
बूझ लेना कि आज होली है।

दिवाली

अपनी-अपनी दिवाली,
अपने-अपने राम और अपनी-अपनी रामायण,
मेरी दिवाली में राम हैं उसकी दिवाली में लक्ष्मी का वास है,
किसी को भगवान महावीर का निर्वाण याद है,
तो किसी को कृष्ण के द्वारा नरकासुर का वध याद है।

हम सब अपने-अपने मन में दिवाली मनायें,
और यह ख़याल कभी न लायें,
मेरी दिवाली उससे अच्छी, मेरा पटाखा उससे लाउडर,
मेरी साड़ी उससे भारी, मेरा लहंगा उससे महँगा,
मेरी थाली भरी रंगोली, मेरा आँगन ज़्यादा रोशन,
मेरा जीवन भरा अँधियारा, उसका जीवन ख़ुशियों का भंडारा।

यह अँधियारा माँ लक्ष्मी ले जाये और,
इस जगत को ख़ुशियों का ख़ज़ाना दे जाये,
यह सोच कर हम-तुम दिवाली मनाएँ।

राम आयेंगे

राम जैसा जीवन अगर जीना है,
तो कलियुग में त्रेता युग को जीना है,
सदियों के आदर्श पुरुष को आत्मसात् करना है।

जो आपके जीवन में सीता माता जैसी संगिनी हैं,
हनुमान, सुग्रीव ओर जामवन्त जैसे मित्र हैं,
लक्ष्मण, भरत ओर शत्रुघ्न जैसे भ्राता हैं,
तो आप राम बन सकते हैं, आप धर्म युद्ध लड़ सकते हैं,
और चाहे तो अपने लव-कुश से भी लड़ सकते हैं,
हार के भी अपने आपको जीता हुआ महसूस कर सकते हैं,
अपनी आँख से सीता को धरती में समाते हुए देख सकते हैं,
फिर भी राम बन के सब कुछ सह सकते हैं।

अपने-अपने काम, अलग-अलग ना, बस एक ही राम,
इसीलिए, जय श्री राम, जय श्री राम, जय श्री राम।

संदर्श

सपना 1

मैंने एक सपना देखा, सपने में उसको देखा,
कुछ वक़्त गुजरा, अब वो सपना हक़ीक़त हो गयी,
कुछ वक़्त और गुजरा, वो हक़ीक़त भी सपना देखने लगी,
कुछ वक़्त बाद उसने कहा, मुझे तुम सपना उधार दे दो,
मैं भी देखना चाहती हूँ, तुम क्या देखते हो?
मैंने कहा, सपने सब अपनी-अपनी आँखों से देखते हैं,
उसने तपाक से कहा, तो अपनी आँखें उधार दे दो,
मैंने कहा, मेरे सपने भले ही मेरी आँखों में तैरते हों,
लेकिन पैदा मेरे ज़ेहन से होते हैं,
उसने कहा तो फिर अपना ज़ेहन उधार दे दो?
मैंने कहा, जानेमन! मैंने मेरे ज़ेहन के किसी एक कमरे में,
तुम्हारी नींदे जमा कर रखी है,
बस उन्हें जगा लेता हूँ और,
तुम्हारे सपने दिखायी देने शुरू हो जाते हैं,
कहो तो वो नींदें वापस कर दूँ।

सपना 2

उसने मेरा सपना अब अपना बना लिया था,
अब हम दोनों साथ-साथ वो सपना देखने लगे थे,
सौदा सिर्फ़ इतना था कि दोनों मेहनत करेंगे,
और सिर्फ़ एक सपने को साकार करेंगे,
अगर कोई बीच में आयेगा तो,
उसका मुक़ाबला साथ में करेंगे?

कुछ वक़्त गुजरा और दो छोटे-छोटे पौधे,
हक़ीक़त बन कर सामने आ खड़े हुए,
उन्होंने भी हमारे साझे सपने को अपना बना लिया था,
बिना किसी शर्त उस सपने में हिस्सेदार हो लिये,
शर्त बस यही थी कि हममें से किसी का भी,
अपना सच नहीं होगा, अपना झूठ नहीं होगा,
होगा तो सिर्फ़ बेइंतहा प्रेम होगा,
और वही इस सपने को बाँधेगा और ज़िंदा रखेगा।

समय करवट लेने लगा, सपना बिखरने लगा था,
सारे हिस्सेदार अब समझदार हो चुके थे,
अपनी-अपनी डफली और अपना-अपना राग छेड़ चुके थे,
कोई अपनी कहानी ख़ुद की कलम से लिखना चाहता था,
तो कोई अपनी स्याही से अपना मंजर रंगना चाहता था,
नये-नये रंगों से सबने नये सपने बुनना शुरू कर दिया था।

मेरा सपना अभी भी वहीं खड़ा था,
सबके सपनों के बीच में उसका बीज पड़ा था,
और वही मेरी आँखों में तैर रहा था,
वही मेरी आँखों में तैर रहा था,
मैंने एक सपना देखा, सपने में उसको देखा।

पुरुष और स्त्री

हम दोनों एक ही ज़मीन में खड़े हैं,
अंतर सिर्फ़ इतना आ गया है कि,
बीच में अब हमारे-तुम्हारे अहम खड़े हैं।

तू क्या है यह कौन तुझे बताये,
मैं क्या हूँ यह कौन मुझे बताये,
इस अंतर्द्वंद में मायूस हमारे आस-पास हमारे मित्र खड़े हैं।

कौन मित्र है और कौन शत्रु यह समय नहीं जानने का,
हम अपने मित्र हैं या नहीं?
यह समय है अपने आपको पहचानने का।

हम दोनों अभी भी एक ही ज़मीन पे खड़े हैं,
सिर्फ़ तुम्हारे-हमारे बीच हमारे अहम खड़े हैं।

फूल और काँटे का संवाद

मेरे घर के बाग में बहुत सुंदर फूल खिले थे,
मैंने ध्यान से उनकी तरफ़ देखा,
फूल और काँटे में संवाद चल रहा था,

फूल इठलाते भाव से बोला,
देखो मैं कितना सुंदर हूँ,
मेरी महक हर कोई सूँघना चाहता है,
मुझे हर कोई छूना चाहता है।

काँटा मुस्कराया और बोला,
मेरे दोस्त हम दोनों एक ही प्रकृति की संतान हैं,
सिर्फ़ एक-दूसरे की प्रकृति से अनजान हैं,
और सिर्फ़ अपनी नियति से हैरान हैं,
मेरी नियति है तुम्हें संरक्षण देना,
मैं हूँ, तो तुम कली से फूल बने,
मैं हूँ, तो तुम खुल कर खिलखिला रहे हो,
मैं हूँ तो तुम आज जग से बड़ाई करवा रहे हो,
मैं हूँ तो तुम फूल बन कर महक रहे हो।

जो अगर मैं न होता तो शायद तुम,
कली बनने से पहले नोच लिये जाते,
जिस दिन तुमने इस सत्य को जान लिया,

उस दिन तुम बाहर से ही नहीं, अंदर से भी खिलोगे,
दम्भ में नहीं बल्कि सादगी से चलोगे,
दूसरों से नहीं बल्कि अपने अन्तरतम से मिलोगे,

मुझे नफ़रत से नहीं बल्कि प्यार से देखोगे,
भाग्य की भिन्नता को प्रकृति की भूल नहीं समझोगे,
मैं हूँ तो तुम हो दोस्त, मैं हूँ तो तुम हो दोस्त।

यह दरिया मेरा दोस्त है

यह दरिया मेरा दोस्त है,
मुझसे रोज़-रोज़ बात करता है,
मैं जब कभी अंदर से दहलता हूँ,
तो यह मुझे शांत करता है।

मैं हर सुबह अपने तेज कदमों से,
इसके एक साहिल को छूता हुआ,
दूसरे से पार निकल जाता हूँ,
न कभी इससे कुछ पूछता हूँ,
न कभी इसको जानने की कोशिश करता हूँ,
जब कभी थक जाता हूँ तो,
इसके किसी किनारे पे बैठ कर,
इसको ही अपनी कुछ शिकायतें सुना देता हूँ,
यह मेरा दिल हल्का कर देता है।

आज यह दरिया बेचैन लगता है,
कोई ज्वार है ज़ो उछाल मार रहा है,
कोई लावा है इसकी गोदी में,
जिसे ग़ुस्से में निकाल रहा है,
मैं बैठा हूँ इसके किनारे, इस आस में कि,
शायद यह आज मुझसे बात करे,
आज यह मुझे समझा पाये अपने दिल का हाल,

आज मैं इसकी हर बात सुनूँ और कहूँ,
मेरे दोस्त इस दुनिया में तू और मैं एक ही हैं,
फ़र्क़ इतना है कि मैं समझा पाता हूँ,
और तू सिर्फ़ खुद ही समझ लेता है।

यह दरिया आज मुझसे बात करता है।

This River is My Friend

This river is my friend, it talks to me every day,
If ever I feel restless from the inside,
it calms me down.

Every morning with my fast-paced steps,
Touching one shore of the river,
I cross over to the other end,
I never ask anything of it, nor do I try to know it.

But when I am tired,
I sit down at one corner of the river,
And narrate to it my complaints.

It lightens my heavy heart,
Today this river looks restless,
There is a high tide that's causing it to bounce,
There appears to be lava in its lap,

It appears the river is spouting it in anger,
Today I sit beside the river,
in the hope that it talks to me,
Perhaps today it will tell me what's in its heart,

Today I will listen to everything,
it has to say to me, and say,
"My friend, you and I are alike in this world,"
The only difference is that I can explain myself,
And you understand everything by yourself,
Today this river talks to me!

फ्रीडम

उड़ने दो परिंदों को,
कि उन्हें पूरा जहां नापना है।

आकाश थोड़ा छोटा है,
मगर उम्मीदों को पंख लगे हैं, उन्हें उड़ना है,
इस जहां से परे एक और जहां है,
उसे थोड़ा-सा झुकना है।

उड़ने दो इस परिंदे को,
कि इसे पूरा आकाश नापना है,
इस जहां से परे एक और जहां है,
जिसे इसको झुकाना है।

इज़राइल

क्या कोलाहल हो रहा है,
कोई मार रहा है कोई बचा रहा है,
जो मारने वाले के साथ खड़ा है,
वो ही मरने वाले के साथ भी खड़ा है,
जिसकी जहाँ चल रही है, वो वहाँ चला रहा है।

कोई पैसे का खेल, खेल रहा है,
तो कोई आजादी के नाम पे खेल रहा है,
मानवता मर रही है, मुद्दा वहीं खड़ा है।

गांधी नेल्सन को याद कर रहे हैं,
लेकिन प्रेरित हिटलर, मुसोलिनी से हो रहे हैं,
क्या कोलाहल हो रहा है!
क्या कोलाहल हो रहा है!

इश्क़

इश्क़ क्या है,
इसकी भाषा हर वक्त बदलती रहती है।

हमारे पिताजी जब शाम को घर आते थे, ।
कभी-कभी माताजी के लिये दो समोसे ले के आते थे,
और कहते थे जल्दी से चाय बनाओ,
ताकि गरम-गरम समोसे का आनंद तुम भी ले सको,
वो इश्क़ था।

यह वो ज़माना था जब सेल्युलर फ़ोन नहीं होता था,
माताजी को पता होता था वो किस वक्त घर आयेंगे,
चाय का पानी उनके आने से पहले चूल्हे पे चढ़ा होता था,
वो इश्क़ था।

सुबह-सुबह जब बिना कहे माताजी जी,
नाश्ता टेबल पे लगा देती थीं,
तो पिताजी का सिर्फ़ इतना कहना की पराँठे बहुत ज़ोरदार है,
वो इश्क़ था।

एक-दूसरे की ज़रूरतों को,
बिना कहे ही समझ लेना,
वो इश्क़ था।
माताजी शायद ज़्यादा पढ़ी-लिखी न हो,
मगर समझदारी कूट-कूट के भरी थी,
कभी-कभी जब ग़ुस्सा हो जाती थीं,
तो अपनी बात खाना बनाते वक्त बोल देती थीं,

पिताजी खाने की तारीफ़ करते-करते
उनका ग़ुस्सा भी पी जाते थे,
वो इश्क़ था,

हाथ धोने के बाद सिर्फ़ इतना कहते थे कि,
आज शाम को अग्रवाल साहब के बच्चे की शादी है, चलोगी?
बस इतना कहना था कि
बाक़ी का बचा-खुचा ग़ुस्सा भी ग़ायब,
वो इश्क़ था।

शाम को शादी के लिए तैयार होने की ख़ुशी में,
पूरा दिन अच्छे से गुजर जाता था,
पिताजी फटाफट तैयार होकर,
बाहर आके खड़े हो जाते और आवाज़ लगाते थे,
कब आओगी बहुत देर हो गयी है अब,
वो इंतज़ार इश्क़ था।

जब तक माताजी तैयार हो के
बाहर आकर स्कूटर पे बैठतीं,
पिताजी का ग़ुस्सा भी शांत हो जाता था,
वो बस उन्हें एक पल निहारते थे,
माताजी के लिए वो एक पल इश्क़ था।

माताजी भी हक़ से उन्हें कमर से पकड़ कर पीछे बैठतीं,
पिताजी संभल-संभल के स्कूटर चलाते,
यहाँ-वहाँ गड्डों से बचाते हुए क़रीने से शादी में पहुँचते,
पिताजी पार्किंग से जब तक आते,
माताजी पिताजी का इंतज़ार करती,
वो इंतज़ार इश्क़ था।

कोरोना

मैं एक नया शहर बसते हुए देख रहा हूँ

मैं इस शहर में,
एक नये शहर को बसते हुए देख रहा हूँ।

पिछले कुछ हफ़्तों में मैंने,
अपने इस पुराने से शहर में,
एक नये शहर को बसते हुए देखा,
जब-जब घर से बाहर निकला,
कुछ नये रंगों को आसमान में उकरते देखा।

वो पार्क और यह दरिया,
दोनों इतने आबाद कभी नहीं दिखे,
जितना उनको अब देखा।

जो दुकानें बंद हो गयी थी,
उनके सामान को,
नये तरीक़ों से बिकता देखा।

जो हमउम्र पड़ोसी,
बरसो से अपने-अपने कमरों में बंद थे,
उनके कदमों को भी,
इस शहर की गलियाँ नापते देखा।

वो बच्चे जिनकी दुनिया,
उनके कम्प्यूटर में सिमट आयीं थी,
उन्हें भी अब उस दुनिया से दूर,
अपने घरों की चौखट लाँघते देखा,
यह सब इस शहर की संताने हैं लेकिन उन्हें,
बाहर इस तरह रोज़-रोज़ निकलते कभी नहीं देखा।

पहले लगता था कि इस शहर की उमर बढ़ रही है,
अब लगता है कि नहीं शायद कम हो गयी है?
कोरोना ने यह क्या चमत्कार कर दिया?

जिसको मातम समझे थे,
उसने नया जीवन अविष्कार कर दिया,
कुछ न कुछ तो नया है यहाँ पर की अब इस शहर में,
मैं एक नया शहर बसते हुए देख रहा हूँ,
मैं एक नया शहर बसते हुए देख रहा हूँ।

I see A new town is nestling!

I see a new town nestling into my town,
In the past few weeks,
every time I step out of my home,
I see a different colored sky.

The park and this marina,
never before have they been,
as crowded as they are now,
The shops that were closed are now,
selling goods in new ways.

Neighbors of my age,
who used to be cooped up in their rooms,
are now out roaming the streets of the town,
Kids whose world revolved around computers,
are also keen to move away,
from the confines of their homes.

All these people are children of this town,
but never before have they been seen out like this,
day after day,
Earlier, it seemed that this town was aging.

Now, it seems as if the town has
suddenly become young,
Is this the aftereffect of the coronavirus?

What we saw as a reason for,
mourning has become a new lease of life,
Something new has come upon this town,
it's as if a new town is nestling into its own.

सन्नाटा छाया है

घोर सन्नाटा छाया है कोरोना आया है,
कोरोना के आतंक से चारों ओर मौत का साया है,
खुले आसमान के नीचे वाइरस ने क़हर बरपाया है,
करें तो क्या करें इसके प्रकोप से हर कोई घबराया है।

सूनी गलियाँ, बंद दूकानें और घर के दरवाज़े, कोई देखने नहीं आया है,
जो मानव बाहर भटक रहा है, उसके लिये स्वयं यमराज आया है।

समझदारी छोड़ो भैया, और जहाँ हो वहीं थम जाओ,
जो घर की चौखट के अंदर है, उसने मानो जीवन का बीमा करवाया है।

अपनी नैया को पार लगाना है तो थामो अपने कदमों को,
ताकि जी सको अपने सपनों को और पा सको अपने, अपनों को।

सन्नाटा छाया है, घोर सन्नाटा छाया है,
कोरोना आया है।

यह साल तो सिर्फ़ अगले की आस में गया!

यह साल तो सिर्फ़ अगले की आस में गया!
कोरोना का लिबास,
ओढ़े कई घरों में मातम कर गया।

कुछ हमउम्र थे तो कुछ थोड़े से बड़े,
यह खेल, खेल में सबको निगल गया,
डॉक्टर लोगों ने रोकना चाहा, यह नहीं माना!
कुछ ने ज़ोर लगाया तो उन्हीं को निगल गया।

छींक बनकर यह ज़हर आया,
और पूरी दुनिया के लिये क़हर बन गया,
धरती को लगा कि उसपे बोझ ज़्यादा है,
तो उसने अपने-आप से कम कर दिया।

जाने-अनजाने में इंसान को,
अपने कुदरती करिश्मे का एहसास करा दिया,
यह साल तो बस अगले की आस में गया,

इंसान फिर अपना क़ब्ज़ा इस क़ुदरत पे कर ले,
और नये साल के आने से पहले अपने-आप को सुरक्षित कर ले,
वैक्सीन-वेक्सिन खेल कर शायद,
अपनी इम्यूनिटी को फिर से ज़िंदा कर ले,
यह साल तो सिर्फ़ अगले की आस में गया।
कोरोना ने कितना कुछ बदल दिया है?

पहले हम वॉक करते थे,
तो शायद यह भी नहीं देखते थे,
कि साथ में कौन चल रहा है?
हाथ में फ़ोन और उँगलियाँ स्क्रीन पर नाचती रहती थी,
मन किसी और के बारे में सोचता रहता था।

अब सब कुछ बदला-बदला नज़र आता है,
साथ में कौन चल रहा है इस बात की फ़िकर होने लगी है!
उसको नज़रें ऐसे निहारती है कि शायद वो गुनहगार हो,
तुम से कभी मिला नहीं फिर किस बात के लिए तुम फ़िक्रमंद हो,

कोरोना ने कितना कुछ बदल दिया है

ये वही लोग है,
जो पहले भी तुम्हारे साथ वॉक करते थे,
पर इनकी चिंता तुम कभी नहीं करते थे,
अब अपनी चिंता में इतना घुले जा रहे हैं कि,
इन सबकी शक्लें जानी-पहचानी लगने लगी है,
कल तक जो साथ था, वो आज साथ क्यूँ नहीं है?
यह सोच कर अपने कल की चिंता करने लगे हैं,
६-७ फ़ीट की दूरी बनी रहे,
बस इस बात की फ़िक्र ने मानो,
आँखों को और क़रीब ला दिया है,
कोरोना ने कितना कुछ बदल दिया है।

घर में बैठे रहने से अब घुटन नहीं होती,
जो घर मेहमान की तरह स्वागत करता था,
अब माँ की तरह गोद में बसाता है,
जो रिश्ते फ़ोन पर शिफ़्ट हो गये थे,
वो अब वापिस क़रीब आ गये हैं,

जो रिश्तेदार और दोस्त
WhatsApp और FaceBook
पे शिफ़्ट हो गये थे,
वो अब फ़ोन कॉल से क़रीब आ गये हैं,
कोरोना ने कितना कुछ बदल दिया है।

सोशल डिस्टन्सिंग तो पहले थी!
अब तो अपनों को अपने से मिलने की चाहत ने ज़ोर पकड़ लिया है,
जो परिंदे दूर चले गये थे,
वे अब लौट के अपने घरों में वापिस आ गये हैं,
कोरोना ने कितना कुछ बदल दिया है।

All That Corona Has Changed in me?

Before, when you went for walks,
You never did bother to look who was walking along,
Phone in one hand, and the other hand's fingers dancing
across the screen!
All the time thinking of someone, something else.

Now things appear very different,
Suddenly, you worry about who's walking beside you,
You give this person the cross-examination – perhaps
he is a culprit?
You've never met him before,
why then do you bother so?

Corona has changed so much in me!
These people may have walked with you before,
But you never really bothered about them,
Awash with concern for yourself,
You begin to recognize the faces around you.

The people who were walking with you until yesterday,
Where are they today? Thinking about this,
You worry about your tomorrow,
All you care about now is maintaining a distance of
6 to 7 feet,
But you fail to realize that you are connecting
with one through eyes.

Corona has changed so much in me!

Sitting at home, you don't feel suffocated anymore,
A home that was once welcoming to guests,
Has become the cradle of a mother's lap.

Relationships once restricted to just phone calls,
Are back to being so much closer now.

Friendships and ties once restricted to
WhatsApp and Facebook,
Are closer by a call.

Corona has changed so much in me!

Social distancing was there even before,
But now you are gripped by the desire
to meet your dear ones,
Despite the present social distancing,
Those who flew away then,
now return back to their own nest,
Corona has managed to unite families once scattered!
Corona has changed so much in me!

आज मैं फिर अपने देश हो आया हूँ!

आज मैं फिर अपने देश हो आया हूँ,
कोरोना काल में भी,
अपनी मिट्टी से ख़ुशबू ले आया हूँ।

न जाने इस मिट्टी में कितने दिन खेले थे,
हर दिन का आज मैं हिसाब कर आया हूँ,
आज मैं फिर अपने देश हो आया हूँ।

उसने कहा मत जाओ,
कुछ ने कहा रुक जाओ,
अभी कोरोना का ख़तरा टला नहीं है,
मैंने कहा माँ ने बुलाया है,
ममता की मर्ज़ी के आगे,
किस बात का ख़तरा मंडराया है?
मुझे कोरोना तो क्या?
खुद भगवान भी नहीं छू पायेगा।

फिर किसी ने कहा अपने टेस्ट करवा लो,
आने-जाने के पहले और बाद में,
अपने-आप को सैनिटायज़ करवा लो,
खुद का नहीं तो अपनों का ख़याल रख लो,
थोड़े दिन और क्वॉरंटीन में बिता लो।

मैंने कहा किस-किस से बचोगे?
अगर अपना रास्ता बंद करोगे,
तो क्या अपनी मौत को गोली देके,
किसी और की मौत का कारण बनोगे?

हर एक शख़्स भय में है,
और तरह-तरह के ताने-बाने बुन रहा है,
जाने-अनजाने में अपनी छोड़,
दूसरे के साथ तमाशे कर रहा है,

कोरोना के नाम पे एक दरवाज़ा बंद करके,
दूसरे से पैसा खसोट रहा है,
आज मेरा देश अपनी मिट्टी से खुद ही खेल रहा है,
आज मैं फिर अपने देश हो आया हूँ।

मुक्तक

एक घर क्या छूटा,
मैं कई घरों के दरवाज़े छू गया,
तुझसे बिछड़ने के गम में,
मैं न जाने अपने दामन पे कितने दाग ले गया!

* * *

एक दूसरे के सामने खड़े नहीं हो पाये,
तो कचहरी का रुख़ कर लिया,
तूने मेरी हक़ीक़त चुरा कर,
अपने ख़्वाबों को पूरा कर लिया।

* * *

मैंने तुम्हें एक ख़त लिखने की कोशिश की,
लिखे हुए अल्फ़ाज़ को कई बार मिटाया,
इतने साल तुम्हारे साथ गुज़ारे,
फिर भी अजनबी हो, यह अब समझ में आया।

तू सागर की वो मछली जो उसके अंदर नहीं रहना चाहती,
मैं कोल्हू का वो बैल हूँ जो उससे बँधा नहीं रह सकता,
किस धरा पे जन्म ले कि तेरा मेरा मिलन हो सके।

* * *

मेरे दोस्त अब भी ज़िक्र करते हैं तेरा,
नाम हमारे रिश्ते का ले लेकर,
तू और मैं भले ही हमउम्र न हो,
लेकिन वो तो हमउम्र था।

* * *

वो दो रूहें पूरी ज़िंदगी कहानी बुनते हैं,
क़िस्सा दो पल का भी नहीं है,
वो बात करते हैं सदियों साथ निभाने की,
भरोसा आज का भी नहीं है।

हम तो समझे थे एक ज़ख़्म है,
कुछ रोज़ में भर जाएगा,
क्या पता था कि हर रोज़ तेरी याद आयेगी,
उसे थोड़ा और कुरेद के जायेगी।

* * *

कहते हैं झूठ के पाँव नहीं होते,
वो फिर भी चलता हैं,
सच के पाँव होते हैं!
फिर भी चुपचाप बैठा रहता है,
क्या कलियुग की यही पहचान है।

* * *

मुझे तुमसे प्रेम नहीं है सिर्फ़ बहाना थी तुम ज़िंदगी जीने का,
मुझसे नहीं संभल पायी वो ठिकाना थी तुम ज़िंदगी को पीने का,
हर एक साँस पूछती है मुझसे आने से पहले भी और जाने के बाद भी,
वो ख़ुशबू अब नज़र नहीं आती जो आस-पास थी आने से पहले भी
और जाने के बाद भी।

आज से हम वो अक्षर लिखेंगे,
जिनमें सिर्फ़ प्रेम की स्याही होंगी,
आजसे हम उन रिश्तों को खोजेंगे,
जिनसे वफ़ा की कोई उम्मीद न होगी।

* * *

जो कारवाँ लिये चलते थे कभी,
वो अब कहकशाँ बन गये हैं!
सच सुनने के लिये सभी आतुर हैं,
पर झूठ से पर्दा कौन उठाये?

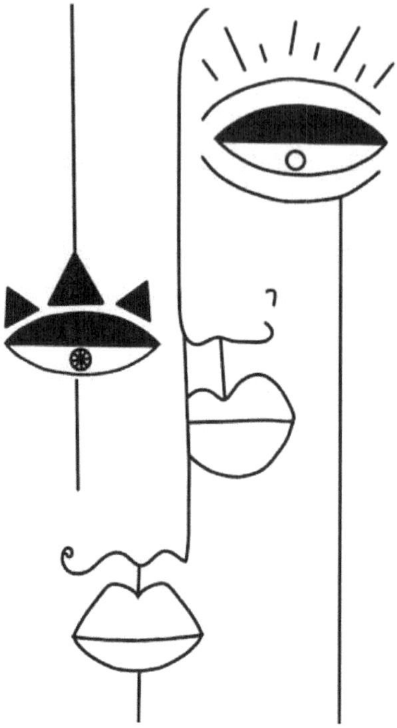

खंड - दो

ब्लॉग

An Ode To My Father – Kaushal Kishor Jain

***KaushalJi** during the victory rally after winning as an MLA from Bhilwara in the 1977 General Elections in Rajasthan.*

They say art imitates life. If you watch a Bollywood movie, the chances are that the villain will be a politician. That's because, in India, people assume that all politicians are corrupt. But I know that there are political leaders who care more for their country than they do for themselves, and I am the proud son of one such leader.

My father, the late Kaushal Kishor Jain, or **Kaushal Ji** as he was affectionately known, was part of the first members of the Jansangh. The organization was later rebranded as the BJP. The BJP has in fact managed to produce some stellar national leaders. Former three-time Indian Prime Minister Atal Bihari Vajpayee (one of the founding fathers of the Bhartiya Janata Party) and incumbent Prime Minister Narendra Modi, are two names that stand tall.

I find striking similarities between **KaushalJi's** work style and ethics, with that of AtalJi (who was like a mentor to my father) as well as with ModiJi, whose political decisions and strategies I have been following keenly. All three men were groomed as leaders by the same political organizations (Jansangh and RSS) and have shown similar dedication towards the people of India. The love for their country, Bharat

Mata (Mother India), is unquestionable. Perhaps when you are trained to think of your country as your mother, you want to always do right by it. A patriotic mindset makes you fearless, transparent, and accountable in public life.

The challenge for India today is that political leaders both at the local and national levels lack that selfless love for their motherland. In recent years, there have been several high-profile cases of corruption and sizeable financial fraud confirming the nexus between politicians, industrialists, and the media. With a BJP central government, there has been an aggressive drive to root out corruption in India within the government, as well as in the public and private sectors. As India struggles to improve its image as a business-friendly and corruption-free country, I am reminded of my father's work ethic.

In the past few years, I have seen social media play a significant role in forming opinions and narratives about building a new India. It is amusing to see that most of these social media activists don't understand the fundamental fabric of India, which is woven at the grassroots level. Change in India cannot be brought about by leaders sitting in living rooms, who are disconnected from realities on the ground. Being from a family where national politics was the most talked about topic and having interacted with political leaders of different age groups, I feel that politics is all about reading the pulse of the people accurately, marketing your policies aggressively, and dedicating yourself to the service of the nation with utmost honesty.

This picture really tells a story. It captures one of the protest rallies organized by the Jan Sangh in Rajasthan during the Indian Emergency imposed by Indira Gandhi in 1975.

KaushalJi along with Atalji *and many others were imprisoned soon after this picture was taken.* ***KaushalJi*** *stands (with his hands stretched out) along with AtalJi on the jeep. They are addressing the crowd along with other volunteers of the party.*

This jeep had been in the family for many years and almost gained the status of an 'heirloom' after its role in transporting important political leaders of the Jan Sangh.

Kaushal Ji's upbringing as a grassroots worker in the RSS for almost sixteen years built a solid foundation for public life. His passion was visible in everything he did. He would travel hundreds of miles every month on a scooter and bike to raise funds for public causes, meet people from his constituency, and to network with those who could support development projects. For **Kaushal Ji** politics was understanding the pulse of people and backing it up with good governance.

As a Member of the ***Rajasthan Legislative Assembly****, my father was provided free first-class train seats for travel, and it was considered one of the most luxurious ways to travel. It was quite a contrast to the early days of his career when as a Jan Sangh party worker he would travel in the basic sleeper class.*

In this picture, the flag with the lamp symbol held by a party worker in the background used to be the flag of the Jan Sangh organization, which later evolved into the present-day

BJP party.

Interestingly, like **KaushalJi**, I have noticed that Prime Minister **NarendraModi**, also wears his watch with a dial on the inner wrist. My father was a popular speaker for the party in Rajasthan and would often address large crowds at political gatherings. Wearing his watch with the dial facing him made it easier to keep track of time during public speeches. Speaking of wristwatches, my father had an imported Seiko watch, which he wore for almost two decades. It was a quartz watch gifted by **King of Mewar Bhagwat Singh MewarJi** (King of Mewar, now Udaipur, from 1955 to 1971) for campaigning for him. There was immense sentimental value attached to the watch. In today's materialistic age, people no longer accord such emotions to gifts received.

My father kept a black telephone diary, with names and numbers of his colleagues, associates, businessmen, religious leaders, donors, and others. But he would rarely reference the book before dialing those numbers. When I asked him why he didn't use the book, he said he had memorized most of the phone numbers. The diary was merely for record-keeping. Those of us who use mobile phones can barely recollect more than a couple of phone numbers. We need LinkedIn, Twitter, Instagram, and Facebook to remind us of our friends and colleagues.

Despite his success as an elected MLA in Rajasthan and growing popularity with the masses, **Kaushal Ji** stayed humble and rooted in service. He had to switch tracks from active politics to managing large scale community projects (as per instructions from the party leaders). He never questioned his party superiors as to why he was not given a chance to contest in elections again. **Kaushal Ji** was a committed volunteer of the RSS. He was a self-motivated person driven by the philosophy, "***the cause is bigger than the individual.***"

Kaushal Ji was a master at galvanizing both funds and public support for community projects. His talents were put to good use during the restoration work for the Galta Ji pilgrimage site and KeshavPura village, and subsequently in the setting up of Keshav Vidyapeeth University and the Rajasthan Senior Citizens Society. He was often the custodian of significant funds accumulated for community projects. But every bit of the money collected was well-documented and accounted for. For **Kaushal Ji**, money was a means to an end, and not the end itself.

Our family lived in a humble home, but our lives were made rich by the interesting conversations with innumerable guests of my father, who were always welcomed with a home-cooked meal. Again, I see parallels in my father's outlook with other members of the party who rose from the ranks of RSS. All these people were engrained with the ideology of leading a simple life.

Owing to **Kaushal Ji's** political and business connections, we were often invited to lavish Indian weddings in Jaipur. My mother, sister, and I would, at times, feel uneasy about being in the company of the city's elite. But there was none of that discomfort on **Kaushal Ji's** face. I realized that my father greeted everyone with the same enthusiasm and friendly manner, regardless of the social stature of the person standing in front of him. He seemed to find real joy in meeting people. He knew that every social event was an opportunity for him to make new friends (and perhaps collect more phone numbers).

When my father was at the helm of his political career, I was but a young child with little understanding of his work, the challenges faced, and the sacrifices made. However, some years ago, I read a booklet published on **KaushalJi's** work and tenure as a politician; it was written by a local journalist in his constituency. The writer had compared my father to 'Bhagiratha,' a Hindu mythology saint who underwent severe penance to bring the river Ganga to Earth from the heavens above. Reading these words of praise about my father gave me a new perspective on his contributions as a politician. I now understand that everything he did was in the interest of his larger family, which was the people of the state of Rajasthan. That's the thinking he had until he died.

Today is my father **Kaushal Ji's** 5th commemoration day. He left us as I stood by his bedside; he breathed his last supported by a ventilator. I still can't shake off the deep sense of loss and regret because I was not there for him in the last moment of consciousness. After his death, I found many of his work photographs, documents, and journals; these papers had been nicely preserved by **Kaushal Ji** in an iron chest at our home in Jaipur. Looking at these memories was surreal – it was as if my father was sharing his life stories from the afterlife. It was at that moment that the idea for this book took root. I knew I had to share **Kaushal Ji's** life experiences with social entrepreneurs in India and around the world. Last year, as a tribute to my father, I published the book, "A Philanthropist Without Money – KaushalJi."

Although **Kaushal Ji** was a beloved politician in the state of Rajasthan, social entrepreneurship was his true calling. **Kaushal Ji** used his skills of social activism, entrepreneurship, and public discourse, to execute large-scale public service projects in Rajasthan. Notable among his public contributions is the restoration of the massive Galta Temple (which was devastated by floods in the early 1980s), the establishment of the Keshav Vidyapeeth University in Rajasthan, and the establishment of the Rajasthan Senior Citizen's Society.

All of **KaushalJi's** social endeavours and projects reflected his grit, conviction, and supreme loyalty for the country. I want every aspiring social entrepreneur to read about **KaushalJi's large-scale community** projects, work ethics, and fundraising prowess, and walk away from it a more inspired person.

Here's the translation of a Hindi poem I had written for my father –

You were a fearless personality
Yet you lived a gentle life
The world was your family
You were the epitome of culture
One never knew who all were inspired by you
But those in whom you sowed the seeds of inspiration, still remember you when they meet

The stones that you turned to gold, continue to resonate with your presence (here the author alludes to the GaltaJi Temple restoration)

The people you gave hope to are now offering that hope to others

Not much has changed in the last few years, perhaps the only difference is that it is now me (a part of you) who strives to make society better.

Father, you live in my every heartbeat, every day. As I toil in accordance with your teachings, the sweat on my body reminds me of you.

The room where you slept, still bears the fragrance of the mustard oil you used

I too have started using the same oil.

Nothing else has changed in the last few years

All that has changed is that white 'dhoti' you would put to wash every morning, is not seen anymore.

I miss you Papa, every day- Kunal

Embarking on a Journey of Rediscovery: My First Official Vacation in India in 20 Years (2024)

(After Two Decades, I Return to a Transformed India)

After two decades of life in America, I've finally returned to India for what feels like a maiden voyage – my first official vacation in the land I once called home. Twenty years is a long time, and the anticipation of seeing India's transformative beauty had me both excited and nervous. My last memories of this vibrant country were as a newlywed, basking in the romance of Chandigarh and Manali during our honeymoon. Following that, my partner and I set our sights on new horizons and made the United States our new home. The thought of returning to India for leisure hadn't crossed our minds until now.

As I set foot in Goa, I was struck by an overwhelming sense of surprise and delight. The India I left two decades ago seemed to have evolved by leaps and bounds. The pristine cleanliness, the meticulous preservation of archaeological sites, and the overall quality of infrastructure were all very impressive. It felt as though a new India had emerged, one that embraced the best practices of the world while retaining its unique charm.

The digital transformation was palpable, with online

bookings and services matching international standards. The seamless experience of flights, buses, and taxis, all equipped with proficient English-speaking personnel, was a testament to India's progress. Even the guides, with their wealth of knowledge and excellent communication skills, added to the charm of this new discovery.

Goa Churches

One of the highlights of my trip was the tour of Goa's churches. I couldn't help but draw parallels with the church tours I had experienced in Rome, Italy. The grandeur and spiritual ambiance were on par with the best in the world. This was a far cry from my childhood visits to the forts of Rajasthan, which, back then, were often neglected, with barely legible signage from the Archaeological Survey of India and an air of neglect that made them feel like forgotten relics of the past.

Reis Magos Fort

However, my recent visit to the Reis Magos Fort in Goa painted a completely different picture. The fort stood proudly, a beacon of history preserved for future generations to admire. The once-broken and ignored signs had been replaced with informative plaques that narrated the fort's storied past. The care and attention given to these historical treasures filled me with an immense sense of pride.

This trip to Goa has been a revelation, a journey that has

allowed me to witness the remarkable transformation of my homeland. The pride in my heart is not just for the visible changes but for the spirit of India that has embraced progress while honoring its rich heritage. As I continue to explore and rediscover the country of my birth, I carry with me the joy of witnessing an India that has indeed changed for the good.

My family's journey through the Ram Janmabhoomi Movement, from fear to pride! (2023)

It was 1990, and Indian politics was turning around, with the BJP becoming a strong force as a Hindu advocacy party. My father was a staunch RashtriyaSwayamsevakSangh (RSS volunteer). Still a child, I would accompany him to several RSS-inspired projects nationwide. **My father** was heading an RSS-inspired institution called Keshav Vidyapeeth.

He was the founding principal and chief volunteer for that project. His involvement in these social projects made me realize that social entrepreneurship was a different world.

With the elevation of the BJP as a Hindu advocacy organization, this Ram Janam Bhoomi movement became very strong under the leadership of L.K. Advani. I still remember the visuals of the pivotal 1990 'RathYatra' passing through the streets of Jaipur (Rajasthan, India). When a call was given to all Ram bhakts to visit Ayodhya for Ram JanmabhoomiKarSeva, my father was the first one to register himself.

In those days, the **Sangh** organized the travel of Ram bhakt groups to Ayodhya. My father and his Ram bhakts decided to travel to Ayodhya from Jaipur. They took a train to Ayodhya. I still remember the stories he narrated after coming back from there safely.

Entry to Ayodhya was highly restricted per the directives of the then Chief Minister of Uttar Pradesh, Mulayam Singh Yadav. There were headlines in the newspaper where he was found, stating that not even a single flock could enter Ayodhya without his permission. Ayodhya was converted into a fenced prison where no outsiders were allowed. In the era of no cellphones, this movement took place with people-to-people communication and logistics arranged by RSS volunteers in each city and village.

My father went there by train, and then for the last hundred miles, they walked from the countryside via jungles and, most of the time, with minimal food, staying in different small villages at additional Ram followers' homes.

Finally, on the day of karseva, millions of Ram bhakts and sadhus suddenly entered Ayodhya. The administration of Ayodhya was surprised, and at that time, the chief minister lost his sanity and ordered firing on Karsewaks, just like in the 1919 JallianwalaBagh massacre.

Security forces started firing on these innocent Ram bhakts to stop their march toward the mosque. My father was seeing people falling on the streets when the police started firing. They had orders from the top to kill whoever tried to approach the mosque.

My father saw several of his friends and people from the same group get injured or killed. Fortunately for our family, my father survived the perilous journey somehow. He was stunned to see scores of people die on the streets and near the river Saryu. He saw this with his bare eyes. Although the official death count was reported to be much lower.

My father managed to reach the temple site. He completed the Karseva and came back to Jaipur safely, feeling satisfied; at the same time, he was sad because he had lost some of his colleagues and friends during the yatra. That trauma was imprinted on his heart forever, but at the same time, he felt a sense of divine contentment.

Mulayam Singh Yadav was labeled a killer of Ram followers in this country. One year later, a new BJP government came to power in Uttar Pradesh under the leadership of Kalyan Singh. He allowed karsevaks to reach the temple site.

I still remember the names of these prominent leaders, and they used to be my father's friends – Ashok Single, SadhviRitambara, and Uma Bharti. They were all there at Ayhodhya under the leadership of L.K. Advani.

My mother also decided to go to Ayhodha under the aegis of the RSS wing for women. She went via train with a group of ladies, was able to perform KarSeva at that time, and returned safely.

I witnessed these momentous incidents in my life at a very early age. I was in high school at that time. These moments of fear but pride made a significant impression on my heart and mind forever.

These childhood memories pave the path of your future

and are imprinted permanently in your life to shape your mindset. That life event of my father led me to think about social entrepreneurship as a vital medium for changing the world.

My father continued to serve for RSS-inspired projects for the rest of his life. My mother still lives in India; we are both excited about the Ram Temple becoming a reality. Like my parents, it has been the dream of millions of Ram Bhakts who continued to be sheer leaders of this movement over the last three decades.

Whenever I think about those incidents that happened in 1989 when hundreds of KarSevaks were killed, I could have lost my father too, but I was lucky that he survived.

When I look back and see how risky life is for those who participate in these public events in India, I get chills. Today, when Ram Temple is being inaugurated by the Prime Minister, Narendra Modi, I feel very contented.

Today, the religious freedom struggle, which started over 500 years ago in India, ends. This is a moment of pride and joy for the Hindu civilization, for Hindus in India and worldwide. Today will be cherished by those who lost someone in the movement and by those whose family members have contributed efforts towards this cause.

I am one of them. Jai Shree Ram.

Here is a Hindi poem I wrote on this occasion.

राम जैसा जीवन अगर जीना है,
तो कलियुग में त्रेता युग को जीना है,
सदियों के आदर्श पुरुष को आत्मसात् करना है।

जो आपके जीवन में सीता माता जैसी संगिनी हैं,
हनुमान, सुग्रीव ओर जामवन्त जैसे मित्र हैं,
लक्ष्मण, भरत ओर शत्रुघ्न जैसे भ्राता हैं,
तो आप राम बन सकते हैं, आप धर्म युद्ध लड़ सकते हैं,
और चाहे तो अपने लव-कुश से भी लड़ सकते हैं,
हार के भी अपने आपको जीता हुआ महसूस कर सकते हैं,
अपनी आँख से सीता को धरती में समाते हुए देख सकते हैं,
फिर भी राम बन के सब कुछ सह सकते हैं।

अपने-अपने काम, अलग-अलग ना, बस एक ही राम।
इसीलिए, जय श्री राम, जय श्री राम, जय श्री राम।

Mating Season In Florida

Today my morning walk offered a rather interesting site – I witnessed a few manatees mating at the beach, right across from our home in Philippe Park. I never saw this fantastic natural mating ritual in the past eighteen years of living here in Tampa Bay.

Manatees are also called sea cows, and that reminded me of my childhood when we had cows at home. The cows we kept at home for milk, were more like family members. Those bovines also helped my parents earn an additional income from selling fresh milk.

An Indian woman milking a cow at home!

Keeping buffaloes and cows, as a source of fresh milk, is a common thing in small-town India. Anyone who has ever had to perform the task of milking a cow knows that it is hard work. And that's why most Indians will never let even a few drops of milk go to waste. Not to mention that cows are considered holy animals by Hindus.

I remember a veterinarian doctor used to visit almost monthly to check on the cows. Sometimes he used to carry a long tube attached to a frozen gas tank for getting the cows pregnant through the artificial insemination process. My sister and I must have been in middle school then and could not understand how this tube can make a cow pregnant.

One day a big bull arrived, so I asked my father why

there was a bull in the shed. My Dad said that one cow was not conceiving through the artificial process, and so the other option was via natural mating. I was so excited to witness that moment of mating. I don't remember what happened next because that bull stayed in our backyard with five other cows. I just wondered how the bull would know which cow was ready for mating.

As the years passed, we were in high school, and the veterinarian doctor continued to visit our home with the same long tubes. By then we understood that those tubes carried frozen sperms.

Seeing the beautiful manatees mating by the sea this morning, I was immediately taken back in time to my childhood days. Many of you reading this post will probably connect with this instantly.

Did it trigger any childhood memory of your days in India? Please do comment below and have a fantastic day.

My 18-Year-old Man is Graduating from High School!

Aabhas with me at the Graduation Party

My Man Aabhas!

I address you as 'man' because today you are officially one, and it's time for you to call it quits to stay at home. But it's all good because I know that you leave on the journey of life. Yes, it's a phase every parent hears of – a kid ready to move out to college, but the gravity of it never fully registers until it's your own turn. Luckily for your mother and me, Ishi is still at home.

To love is to risk pain, but this is a pain that every parent must bear with joy, for we want nothing more than for you to achieve your dreams and live a life of endless possibilities. Thank God for video calls and aircraft – we know you will be a phone call or a short journey away. I can now imagine the horror my parents must have felt two decades ago when I told them of my plans to leave the country and move to the U.S.

Aabhas, you have been my sounding board for some time, my person that I turn to for sage advice. I will miss your presence at home incredibly, and I hope we can somehow manage to keep up with our heart-to-heart chats because I value your opinion.

Yes, the celebration this evening is all about you. But I

want to take a minute to thank our friends and family who have gathered here tonight to participate in our joy.

As you stand at this critical and colorful juncture of your life, I don't want to load you with any fatherly advice. Not because I don't want to, but I know you are more than capable of handling whatever curveball comes your way. Aabhas, you have far exceeded our expectations as a son and continue to blossom every day as a human being.

Watching you fills our hearts with immense pride and delight. In fact, people are asking us, how did you raise such a wonderfully balanced son? And all we can say is that Aabhas, it's been all you. Your hard work, perseverance, creativity, and zest for life have gotten you here today. And I am confident these qualities will help you soar higher and achieve whatever goals you set for yourself.

I have learned so much from you, and I am sure I will continue to do as you become a man of the world. You are already a master strategist. I admire your ability to manage stress and make time for things you are passionate about, including robotics and deejaying in equal measure! Even though you have different passions, you are simply focused and determined to do one thing at a time. That is a fantastic trait, and I will try to imbibe this in my life.

Another facet of your personality I find remarkable is your ability to connect with people and market yourself. You establish fruitful connections based on video conversations, even if you haven't met that person. I think this ability will help you prosper in a highly digitized world.

So, Aabhas, you are well equipped for taking flight. You do whatever you want to do and do not worry about the rest. Harness your capabilities and dreams to the fullest.

Your Mom, sister and I will be the wind beneath your wings when you need us.

I will only share one secret, and that's about your **grandfather**, who left us in 2015. He may be physically gone, but I feel his presence in our lives every day. I see him living through your aspirations and acts. I feel him around me whenever I talk to you.

You are the next-generation family sapling that is on the verge of becoming a fully bloomed tree. We love you, *beta*, and hope that as you grow, you never forget the roots that have forged you with incredible love and protection. Remember the source of your strengths regardless of your successes in life.

I stumbled upon a 'Murder Mystery' on my morning walk this Thanks giving!

Hello! Hope you spent Thanksgiving in the company of people who care about you. I took time -off with my wife and kids at an Airbnb vacation home in the beautiful town of Durham, North Carolina.

On Thanksgiving morning, I woke up early as usual and stepped out for a walk. My family was asleep, so I was out exploring the woods and the town by myself. The walk gave me a chance to talk to some of the locals who were out walking their dogs.

During my stroll, I came across a magnificent large home located on the top of a hill. On the entrance was written 'Wonderland' on a massive iron gate that was locked.

But I felt intrigued and wanted to know more. Just then, I met a person walking his dog, and I started chatting with him. On asking if he knew the owners of this home, the stranger smiled at me. He said, "Are you new here?"

On learning that I was visiting, he started sharing the house's somewhat macabre story. The owner **Michael Peterson**, an American **novelist**, was convicted in 2003 of **murdering** his second wife, Kathleen Peterson, on December 9, 2001. Eight years later, he was released from prison after he was granted a new trial, and the charge was reduced from murder to manslaughter.

Such was the mystery surrounding the case that the story was made into a Netflix documentary called “The Staircase.”

They say, ‘Curiosity killed the cat,’ but I am glad that my inquisitiveness led to the discovery of such a real-life mystery. I couldn’t wait to get back to the room to watch the 13-part documentary.

The point I want to make by sharing this incident is that you never know what you may find unless you talk to people and ask around.

And the same rule applies in business as well. The more you get out there and interact with people, the more likely you will discover something new, something worth knowing.

We all tend to avoid talking to strangers these days, but I am grateful that the fellow early morning walker stopped for a few minutes to share this story with me.

Happy Thanksgiving 2020 to you and your family and please do share or comment on this article if you have the same level of curiosity as I have to learn about strangers.

My salute to the Local Businesses and their undying Spirit of Entrepreneurship.

Safety Harbor's beautiful marina bestows pure solace during the COVID crisis!

You have heard about my bike ride adventures in my blog as well as my daily morning walk observations in my recent poems. It is indeed true that the stay-at-home phenomenon during the COVID-19 lockdown is bringing forth new experiences for us all. I am now paying more attention to the world around me and learning something new almost every day.

One late evening when my son and I were riding home on our bikes, a sheriff came around and asked us to stop. He pointed out that we didn't have backlights on our bikes, and he was very concerned that because of poor visibility, someone might hit us. He was not pushing us or humiliating us in any manner but politely explained that it could cost a lot if he gave me a ticket. I had never been out biking so late before, and this was the first time I was made aware of the cycling law in Florida that requires backlight on bikes. Another learning during these unusual times for us.

The whole Jain family playing outside in the park during #covid!

I have never seen so many young couples and children playing in the park, as I have seen in the last four weeks. Where were all these people before? Probably homebound for many years. It seems as if all these people have arrived here from another planet. Suddenly my town does not only contain the older generation anymore.

Last week in our town of Safety Harbor I found a totally new park that I never noticed before. It's called Baranoff Park. I was sitting there quietly after a long bike ride when a young lady appeared with a camera. She asked if she could shoot a picture of me sitting there. That led to a brief conversation and I found out that she was working at the **'The Tiki Tavern Bar**,' which had been closed for a while. But the bar was now open for To-Go orders. She didn't feel like sitting inside the bar and waiting for the customers, so she picked up her old camera and came out in search of them. What a creative idea to reach prospective customers.

I had my first Dinner after they opened the Restaurant at Tiki Tavern!

I came across another such story which also raised my 'spirits.' The Troubled Water Brewing figured out an innovative way to serve their To-Go customers by offering beers in re-sealable large-sized cans.

I was there regular customer of To Go Beer cans during # COVID.

In both cases, the local businesses reinvented their

sales and marketing strategy to be able to continue to serve customers. These two businesses re-affirmed my faith in the American entrepreneurial spirit. I think nobody does creativity in business better than Americans.

In the past couple of days the city has slowly started opening restaurants and what I observed is a civil way of maintaining social distancing. I checked out a few restaurants and most have kept the tables 4 to 5 feet from each other. Most of the older people are carrying masks and law-abiding citizens are also keeping a distance of at least 6 feet while interacting with each other. The streets look crowded but beautiful, like an aesthetically designed workspace. People around me may look new but their laughs and conversation bear the same Floridian warmth.

It is interesting to observe a new world taking shape around me. But I do look forward to the days when we will once again be able to hug and to shake hands – maybe someday! Until then, let's enjoy the time we have together.

You Taught Me to Climb Papa

He is seen here in this image with glasses with my mother in the back and me in the front 10-year-old.

Four years ago, I saw my father for the last time – he was in a hospital struggling for life, perhaps silently awaiting his last breath. It was and will remain the worst moment of my life; seeing a man who was larger than life laying there motionless; it shattered me from inside out.

Before arriving at the hospital in India, I had spoken to my father on the phone from the U.S. He sounded different. He said, "Kunal Beta, I am not feeling good; when are you coming to India?" Now I go to India every year, but it was not something that I had planned around then. My stupid mind could not grasp the gravity of what my father was asking me. Too involved in my worries at the time, I made the same mistake my young son often does with me when he is pissed off. I spoke to my father in an irritable, angry voice which he didn't like. However, surprisingly, he didn't react. In a low pitch, he urged me not to raise my voice at him. He had never done that before – usually, my father responded aggressively.

Despite the glaring warning signs that something was amiss with my father, I failed to take stock of what was going on. He was probably aware that death was coming for him, but he stopped short of completing that conversation. I could not have in my wildest dreams, visualized the blunder I was committing by neglecting him, and that will remain the most deplorable mistake of my life.

I never got to talk to him again. It is not true that he left peacefully; because I know he was trying to talk to my mother and me one last time, but doctors were holding him on the ventilator, In a state of shock, I could not muster the courage to advise doctors to remove his life support and let him die peacefully.

In hindsight, I realized that he was determined to be with me one last time. He struggled to keep going on a ventilator until I reached India. In those final moments, all I wanted to do was remove the ventilator, for him to open his eyes, to talk to us; I just needed to hear his voice.

My sister in India was lucky enough to see him awake one final time, and he was able to see her. My grief-stricken mother and I missed that last conscious moment with him. I feel that I missed the opportunity God gave me when I could say how sorry I was for all those times I was an impertinent son.

Today when I see this picture it reminds me of my father teaching us to climb not walk. He used to take us to the Hills of Galta which was his morning routine and our playground to walk, run, explore and of course climb! He is seen here in this image with glasses with my mother in the back and me in the front 10-year-old.

I miss you Papa, and I wish to take birth from you again in whatever form God decide for us; to convey you my apologies!

Your Beta

Kunal

Feathers Ruffled. I prepare for the Next Stage of Fatherhood.

A very happy Father's Day to all especially when you win in a World Cup cricket game against the most interesting rivalry of your mother country for long.

Yesterday my 16-year-old son took one of his friends (a girl from the same school but not his GF) for paddle boarding in the gulf close to our neighbourhood. He is usually not an outdoor type of person, and whenever he participates in an outdoor activity, he assumes that he is going to make me very proud. As a father, I would rather see him engaged in outdoor activities than his usual indoor pursuits like playing with the computer or the mobile phone.

My mother, who is visiting from India, was seeing this happening in front of her eyes. You can imagine the look of surprise on her face to see a young boy and girl, in swimming costumes, going off to the ocean by themselves without adult supervision, and disappearing.

It was a beautiful Florida sunshine day, and my daughter was at home, spending time with our friend's 14-year-old son who had come over. Aabhas (my son) left home without asking these two to join him. I felt it would be a good idea for all of them to together and have fun; so I suggested the same to Aabhas. He answered, "Dad, I have planned this with D (the girl)."

Suddenly this little child of mine sounded all grown-up, and I got the sense that he is obviously looking to spend some quality time with this girl. Anyway, Aabhas and his friend spent a few hours in the water and came back to the safety harbour marina. To ally our concerns, they kept us informed about their whereabouts. I met them at the marina and asked them if they wanted to eat something. Typically, the answer is yes, we are hungry. But this time they said no we are okay, and we are going back into the water. Aabhas asked me if I could pick them up in an hour from the park nearby because they might be tired after an hour of paddle boarding.

I had these two other kids and my mom with me all that time and we were at the marina spending time quality ourselves, but I was always worried about these two young adults who were in the water. I knew they are good kids, but there were the usual 'what-if' scenarios going on in my mind as a father.

After a few minutes Aabhas called his mom telling her that they had gone far into the water and when they were trying to come back to shore, they had hurt themselves while climbing over those little rocks or barnacles near the beach. His friend had a deeper cut on her leg. They were not scared, but we were really concerned after getting that phone call. My wife went to the seashore side and brought them back home.

We called the girl's mother who came to pick her up; she was worried that her daughter might have to go to the ER. It became a little chaotic at home, but these young kids were like nothing happened. They were like young birds who had had an adventure.

Aabhas was still trying to calm me, saying, "Dad, you wanted me to go outdoor activity, and I did. Aren't you proud of me?" I was like, "Yes, I am, but I was also worried that you went too far in your adventure. What if something more dangerous could have happened? You had no life jackets."

I could see a little fear in his eyes at that time, but it went away after a few minutes. He was still feeling good that he accomplished something bigger that day, and that one adventure gave him a lot of confidence.

To be honest, I was angry. But when I thought about the situation, it reminded me of something similar that occurred when I was 16-17 years of age. A friend and I had gone trekking and decided to climb a mountain called Galta near our home, and that too the steep side of it. My dad came to know about our daring excursion through someone who saw us climbing the mountain. My parents were terrified, and on our return, I received a severe scolding, along with a few slaps on the cheek. It was a popular punishment meted out to kids back home in India; I got my share too.

When I thought about this incident, it gave me a strange sense of relief, realizing that history was repeating itself. The only difference is that I realized my response needed to be different from the one I got. So, I just said to my son, "Great adventure and high-five dude!"

Teaching kids to fly is the easy part, it's the letting go that ruffles my overprotective fatherly feathers.

Happy Father's Day all!

- Kunal Jain

Ferari Ki Sawari(Ride) for my Sweet 16

My Dearest Son Aabhas

You have just turned sixteen. When I see you dreaming beyond the sky, I find myself flying along with you.

Growing up back in India, my friends and I probably didn't have as many resources as you have today, but our dreams were similar. We didn't have to go through so much peer pressure as you are going through in your young life. Our nights were the same, and perhaps our aspirations were on the same cloud, where I see yours blossoming with full faith and confidence in yourself. You have the same level of energy and emotions reacting to the social circle around you as we did.

You got your driving license today. And there's one difference – while we were dreaming of driving a humble scooter, you are dreaming of cruising in your car. You are planning to drive the car for the first time by yourself and give a ride to your friends to school.

Your motivation is the same as we had, "How do I surprise the world?" The excitement is the same, except that the world around you has changed a lot. Now the world doesn't respond with the same excitement as it used to when we were growing up with limited resources.

At that time only a few of us had the luxury to ride

automobiles and that made us feel very special. My friends used to get excited when they saw someone riding a new scooter; like the color, noise, looks, cost, and brand and were even like, “Wow it starts in one kick.”

When I was around your age, my parents gifted me a small bike called the ‘TV5 50’ (it was like a hybrid between a scooter and a motorbike). I took the TVS 50 to my best friend’s house, and we both rode it together. We became speedsters on the road every time we went to the school, the playground or even tuitions, with that small engine choking under the weight of us overweight teens.

The bright red colored TVS was the focal point of our friend circle because it was the only automobile in the group. The excitement of possessing that beauty was no less than someone owning a bright red Ferrari in today’s time. And to add to the fun, there were no limitations of driving speed or even stop signs. The traffic signals were mere suggestions in India. We loved the freedom bestowed upon us as teenagers with that one vehicle. It was impossible for us to even imagine that life without it.

Fast forward to today and I see that your friends have almost similar resources available to them. So. I am not sure if they will feel the same level of excitement that you feel when you drive a car in front of them. While it was certainly not safe, you won’t get to drive with the same freedom as I did, growing up. I wonder, will your friends burst with the same delightful laugh as my friends did when they saw me kickstart my machine?

What would you show your friends – your first car keys or the car interiors or maybe how safely you can drive? They should trust you with your driving skills so you can drive them to school, just as your neighbourhood friend Dustin did last year or Jena the year before that.

Don't feel disappointed if your friends don't react to you with the same warmth you expect from them; what really matters is how you feel about this new phase in your life.

I'm so proud of you my son that you have the same dreams in your eyes. Yes, the shape of these dreams has changed, but I see the same excitement in your eyes as when I turned sixteen. And that's what makes me so happy. You keep dreaming and don't stop flying.

Think about helping people, especially your friends. Feel free to share your dreams and excitement with them. Those who will feel connected will come forward to share a ride together with joy. Those who are afraid of failure may never learn to fly. But if they trust you, probably they will fly with you, so carry them with you. Share your successes as well as failures with them. Make this world a better place by thinking collectively, achieving valiantly and embracing humbly.

Enjoy your Joy ride and I love you beta!

Dad

माँ का जन्मदिन और उसकी याद में, एक पत्र 2022

माँ, यहाँ परदेस में तू मुझे बहुत याद आती है। मुझे पता है कि फोन पे तुझे रोज़ देख पाता हूँ और सुन भी सकता हूँ, लेकिन तुझे महसूस नहीं कर सकता। तेरी पीड़ा को देख तो पाता हूँ लेकिन उसे हर नहीं कर सकता हूँ। इसी लाचारी में सोचा कि शायद एक पत्र लिख कर तुझे जन्मदिन की शुभकामनाएँ प्रेषित करूँ। आजकल पत्र लिखने की परंपरा हमारी दिन-चर्या का हिस्सा नहीं रही, इसलिए शब्द ढूँढने में तकलीफ़ हो रही थी। मुझे याद है कि कई बरस पहले मैंने पिताजी को एक पत्र लिखा था, उसकी कॉपी अभी भी मेरे पास पड़ी है। वो मेरे जीवन की सबसे बड़ी सन्निधि है।

मैं कभी अपने जीवन के पार्श्व में जाता हूँ तो तेरा कठिनाइयों से भरा वो जीवन नज़र आता है जिसकी भनक भी तूने हमें नहीं लगने दी। हम शायद बहुत भाग्यशाली हैं कि हमें इस जीवन में उन कष्टों से नहीं गुजरना पड़ा जिनके छाले तेरे जीवन में शायद अभी भी मौजूद हैं। शरीर में किसी भी बीमारी का होना अपने आप में बहुत बड़ा कष्ट है, तूने उन सभी कष्टों को कैसे अपनी दृढ़ इच्छाशक्ति से पार पाया हुआ है, यह अपने आप में अद्भुत है। हम थोड़ी सी खांसी ज़ुकाम हो जाती है तो विचलित हो जाते हैं। तू पिछले कई बरसों से विभिन्न तरह की व्याधियों से जूझ रही है जिनका इलाज भी क़रीब-क़रीब असम्भव लगता है। मुझे कई बार ऐसा लगता है कि इन सभी बीमारियों की जड़ में कहीं न कहीं वो कठिनाइयों भरा जीवन है जो तूने हमारे लिए जिया है और बदले में अपने शरीर को क़ुर्बान किया है। अपना ध्यान बिल्कुल नहीं रखा।

एक बात इन सब में अच्छी हुई है कि तूने ज़िंदगी के शायद वो सभी पड़ाव देखे हैं जो हम या हमारी आने वाली नस्लें नहीं देख पाएँगी। ध्यान है वो काला टेलीफोन जिसमें डायल करने के लिए उँगलियाँ घुमानी पड़ती थीं और वो ब्लैक एंड व्हाइट टीवी जिसमें सिर्फ़ समाचार चलते थे। आज आईफोन और व्हाट्सएप का ज़माना है। तुझे सब पता है, तूने सब सीख

लिया, तकनीकी के मामले में कोई तुझे नहीं पछाड़ सकता। कई बार मन में विचार आता है कि परदेस को त्याग कर अपने देश वापस आ जाऊँ। शायद अपनी दोनों माँओं का क़र्ज़ उतारने का मौक़ा मिल जाएगा। फिर आज के हालात देखता हूँ तो मन काँप जाता है, यह देखकर कि जिस देश में हर कोई अपने मन की कह रहा है और कर भी रहा है वहाँ अब मैं अपने मन की कर पाऊँगा कि नहीं। मेरा मन और विचार अब उस देश के लिए समर्पित हो चुका है जहाँ व्यक्तिगत स्वतंत्रता का महत्व बहुत है। मैं कोशिश करता रहता हूँ कि इस सोच से बाहर निकलूं लेकिन बहुत कठिन प्रतीत होता है। इंसान को जब बहुत ज़्यादा आराम की ज़िंदगी में जीने की आदत लग जाती है तो उसका अभावों के प्रति लगाव नहीं रहता। उसको लगता है कि जीवन में इतनी मेहनत क्यों की अगर वापस उन्हीं अभावों की तरफ़ लौटना था तो?

तेरा हर जन्मदिन मुझे इस बात का अहसास दिलाता है कि सचमुच में शरीर नश्वर है और मन ही ईश्वर है। जिन अभावों से उठ कर तूने हमारे लिए नए आयाम खोले वो शायद हम किसी और के लिए नहीं कर पाएँगे। विपरीत परिस्थितियों में शक्तिसंपन्न रहना इंसान का सबसे बड़ा गुण होता है और उसके लिए किसी पढ़ाई-लिखाई की ज़रूरत नहीं होती। तूने इस गुण को कई बार साकार किया है। हम आज जिस इच्छाशक्ति के स्वामी होने का दम्भ भरते हैं, उसकी जड़ों को तूने सींचा है। कई बार ऐसा हुआ है कि हम इस अहंकार और दम्भ में बहुत कुछ कह जाते हैं लेकिन बाद में पछतावा होता है। तूने हर बार माँ का कर्तव्य निभाया और हमें माफ़ कर दिया। यह असली शक्ति है जो सिर्फ़ एक माँ में स्फुटित होती है और इसका स्त्रोत भी माँ के हृदय से निकलता है। आज मैं जो कुछ भी यहाँ लिख रहा हूँ यह शायद कभी तुझसे कह नहीं पाया और हिम्मत ही नहीं हुई। कई बार सोचा कि कह दूँ लेकिन शायद शब्दों से ज़्यादा हिम्मत की कमी रही। अच्छा हुआ आज यह ख़याल आया कि तुझे पत्र लिखूँ और लिख भी दिया। जन्मदिवस की बहुत-बहुत शुभकामनाएँ।

– तेरा बेटा कुणाल

West Glacier Park Lake Snyder Hike

I visited #westglacierpark in Montana for a family vacation recently. It's an abundantly beautiful natural heavenly abode. We were hiking 6000 feet above sea level. I thought of quitting several times while hiking this high; it's a 5-hour hike, but I am so happy that I didn't quit! The outcome was worth taking the pain. Someone told me once, "No pain, no gain, and keep doing it again and again." Thc thought stayed with me during the hike to #snyderlake, the shortest hike from Lake Mcdonald lodge and located in the West Glaciers Mountains in Montana.

The entire Hike, you will see the burnt forest trees

I estimated that the hike meant I would be away from work for 5 hours. I chose this based on my calculations after witnessing the mountain trail up close. But I had no idea that the trip would be that adventurous. I didn't research or talk to anyone before starting the hiking trail.

I saw this sign after hiking 3 miles from Lake Mcdonald lodge. Every 15 minutes from here on, a thought came to my mind to quit and go back. The effort was not bothering me, but hiking alone in the middle of nowhere was a little scary. Someone also told me that this is when bears are usually spotted in the mountains. Luckily I met a few other hikers on the way, which gave me a little more confidence to continue my journey.

Lake Snyder

I hiked for the first 3 hours without taking a break. Finally reached the glacier, which led to the final destination of Snyder Lake. Beyond the junction, the trail ascends through a forest of western hemlocks, red cedars, and larches on moderately steep grades along the north side of the Snyder Creek drainage. I guess this little paradise in the lap of three hills was the west glacier. The lake was half-frozen. I could hear the song of nature in the flowing river. Snow was melting from the top of the mountain, sliding down the hills, forming a waterfall, with the water falling to Lake Mcdonald, where I started my hike. Here is a Hindi poem I wrote after coming down from the Hike.

Mt Glacier Vacation 2022 Lake Mcdonald

इतनी ऊँचाई थी कि गिरने से नहीं,
बल्कि उठ जाने के भय से मन काँप रहा था,
अपनों से दूर ना हो जाऊँ कहीं,
बस इस ख़याल से मन भाग रहा था।

ना कोई आस-पास ना किसी को कुछ खबर,
मैं कौन हूँ यह किसी को नहीं पता,
और हो भी तो किसको इसकी फ़िक्र,
सिर्फ़ मैं और यह दरिया ढूँढने तक का सफ़र।

इस दरिया को ढूँढने की जो आस थी,
उसकी हर आहट में मेरी मंज़िल थी,
वो जो अदृश्य थी पर कल्पना में,
शायद स्वर्ग से भी सुंदर थी।

यह सफ़र अद्वितीय था, अप्रतिम था,
इसमें एक नया आविष्कार था,
दरिया दिखी और उसमें बहती हुई मेरी परछाई भी दिखी,
यह परछाई शायद वहाँ तक जाएगी,
जहाँ मेरा पता कोई जानता होगा।

वो पूछेगी मैं कहाँ हूँ,
यह दरिया कहेगी वो जल्द ही आ रहा है,
तुम सिर्फ़ आस रखो,
मेरी लहरों में कभी कोई डूबता नहीं,
सिर्फ़ पार पा जाता है।
सिर्फ़ पार पा जाता है।

तुम सिर्फ़ आस रखो, वो आ जाएगा, वो ज़रूर आएगा,
दरिया ने मेरा संदेश पहुँचाया, मुझे अपने पर थोड़ा और भरोसा आया,
अपनी मंज़िल को लेने आज शायद खुद खुदा आया।

First words last

We may come from different places and ethnicities and speak different languages, but the thread of human experience binds us all. These commonalities are the fodder for all expressive art forms, including poetry. When a poet pens profoundly emotional and personal ideas, emotions, and experiences through the rhythmic arrangements of words, the prosaic transforms into poetry.Poems have always held a special place in my life journey as I transitioned from a young boy from a middle-class Rajasthani family to an NRI and owner of multiple businesses in the US and India. Poems, especially those by great Indian poets like Gulzar Sahab, have inspired me, given me solace in trying times, and given me a quiet joy that is almost indescribable. The book is a collection of poems inspired by my life events and relationships. It is my tribute to the people I have cherished most; but also, to the renowned poets before me whose works have given me the courage to find my own poetic voice.It is my sincere hope that the poems in this book will help you transcend, even if momentarily so, to a place of peaceful joy and contentment.